Arbeitsschutzmappe: Begehungen und Kontrollen einfach umgesetzt

Einsatzbereite Checklisten, Merkblätter und Nachweise für Begehungen

FORUM Stand April 2025

Wichtiger Hinweis zur Nutzung dieser Mappe

Arbeitsschutz, Begehungen und Prüfungen unterliegen einer Vielzahl von gesetzlichen Vorgaben – abhängig von Branche, Betriebsart, Unternehmensgröße und weiteren Faktoren.

Diese Mappe bietet Ihnen eine praxisorientierte Grundlage für die strukturierte Durchführung von Begehungen und Kontrollen. Bitte beachten Sie: Eine individuelle Anpassung und/oder Ergänzung der Vorlagen an die Gegebenheiten Ihres Unternehmens ist ggf. notwendig, um rechtssichere und vollständige Maßnahmen zu gewährleisten.

Sollten Sie Anregungen oder Verbesserungsvorschläge haben, freuen wir uns über Ihre Rückmeldungen. Sie erreichen uns telefonisch unter 08233 381 123 oder per E-Mail service@forum-verlag.com.

Wir wünschen Ihnen erfolgreiche Begehungen und eine sichere Umsetzung im betrieblichen Alltag!

GRUNDLAGEN IM ARBEITSSCHUTZ

Gesetze – Überblick

Firma/Einrichtung und Stempel

Im Bereich des Arbeitsschutzes gibt es eine Vielzahl von Gesetzen, Verordnungen und Vorgaben, die die Sicherheit und Gesundheit der Mitarbeiter am Arbeitsplatz gewährleisten sollen. Diese rechtlichen Regelungen legen die Pflichten von Arbeitgebern und Arbeitnehmern fest und definieren Maßnahmen, die zum Schutz vor Gefahren und Risiken ergriffen werden müssen. Um sicherzustellen, dass alle relevanten Vorschriften eingehalten werden, ist es wichtig, die Aufgaben und Verantwortlichkeiten regelmäßig zu überprüfen. Die folgende Übersicht stellt die wesentlichen Pflichten im Arbeitsschutz dar und dient als Grundlage für eine effektive Überprüfung.

Arbeitsschutzgesetz (ArbSchG)

Das Arbeitsschutzgesetz (ArbSchG) stellt die grundlegenden Regeln für den Arbeitsschutz zusammen und ermöglicht die Schaffung detaillierterer Vorschriften durch Rechtsverordnungen (§ 18) sowie Verwaltungsvorschriften (§ 24). Es richtet sich vor allem an Arbeitgeber und Unternehmer. Ziel des Gesetzes ist es, die Sicherheit und den Gesundheitsschutz der Mitarbeiter bei der Arbeit zu gewährleisten und entsprechende Arbeitsschutzmaßnahmen einzuleiten und zu verbessern (§ 1 Abs. 1). Dabei legt das Gesetz die wesentlichen Aufgaben und Pflichten der Arbeitgeber (§§ 3–14) sowie die Rechte und Pflichten der Beschäftigten (§§ 15–17) fest.

Aufgaben und Pflichten des Arbeitgebers

Der Arbeitgeber hat u. a. folgende Pflichten:

- Vorkehrungen zu treffen, dass Arbeitsschutzmaßnahmen bei allen Tätigkeiten beachtet werden (§ 3 Abs. 1),
- für eine geeignete Organisation zu sorgen und die erforderlichen Mittel bereitzustellen (§ 3 Abs. 2 Nr. 1),
- Sorge zu tragen, dass in allen Führungsstrukturen die ergriffenen Maßnahmen beachtet werden und die Beschäftigten ihren Mitwirkungspflichten nachkommen können (§ 3 Abs. 2 Nr. 2),
- allgemeine Grundsätze des Arbeitsschutzes zu beachten und entsprechende Schutzmaßnahmen einzuleiten (§ 4),
- die Arbeitsbedingungen zu beurteilen (Gefährdungen) sowie die Ergebnisse zu dokumentieren (§§ 5 und 6),
- Aufgaben entsprechend zu übertragen und auf personelle Befähigung zu achten (§ 7),
- die Zusammenarbeit mit anderen Arbeitgebern (im gleichen Betrieb) zu koordinieren (§ 8),
- Maßnahmen bei besonderen Gefahren zu veranlassen (§ 9),
- Erste Hilfe und sonstige Notfallmaßnahmen zu planen (§ 10),
- die erforderliche arbeitsmedizinische Vorsorge zu veranlassen (§ 11) und Mitarbeiter zu unterweisen (§ 12).

Dazu gehört auch nach § 3 Abs. 1 ArbSchG die Kontrolle:
„Er hat die Maßnahmen auf ihre Wirksamkeit zu überprüfen und erforderlichenfalls sich ändernden Gegebenheiten anzupassen. Dabei hat er eine Verbesserung von Sicherheit und Gesundheitsschutz der Beschäftigten anzustreben.“

Der Arbeitsschutz ist nur insofern erfolgreich wirksam wie die Handlungen der Arbeitgeber. Deshalb ist eine wirksame Organisationsstruktur Grundvoraussetzung. Der Arbeitgeber muss also, zur Wahrnehmung seiner Pflichten,

- Unternehmensziele formulieren und dem Arbeitsschutz den notwendigen Stellenwert einräumen,
- innerbetriebliche Richtlinien erlassen und bestehende Richtlinien bei Änderungen im Arbeitssystem, Änderungen der rechtlichen Anforderungen oder bei Unfällen/Beinaheunfällen fortschreiben,
- durch Unterweisungen (z. B. Demonstration) zum Arbeits- und Gesundheitsschutz sowie zum Verhalten bei Notfällen Wege aufzeigen bzw. verdeutlichen,
- Pflichten auf Leiter selbstständiger Einrichtungen übertragen und konkretisieren,
- auf Personalauswahl, insbesondere bei Führungskräften, Einfluss nehmen und Führungsleistung einfordern bzw. anmahnen,
- Arbeitsschutz in Unternehmensstrukturen sichtbar einbinden,
- Organisationskontrollen vornehmen und sich darüber berichten lassen sowie Aktivierungsmaßnahmen treffen und verstärken.

Dem Arbeitgeber obliegen im Wesentlichen drei zentrale Pflichten: die **Organisationsverantwortung**, die **Auswahlverantwortung** und die **Aufsichtsverantwortung**. Auch wenn er bestimmte Aufgaben im Rahmen des Arbeitsschutzgesetzes an nachgeordnete Führungskräfte und Fachkräfte delegiert, bleibt er weiterhin für diese Grundpflichten verantwortlich. Die übertragenen Aufgaben müssen von den jeweiligen Führungskräften im entsprechenden Verantwortungsbereich erfüllt werden. Diese sind dafür zuständig, die Arbeitsschutzvorgaben in ihrem Bereich vollständig umzusetzen, und stehen dafür in der Verantwortung gegenüber dem Arbeitgeber.

Rechte und Pflichten der Beschäftigten

Die Beschäftigten sind verpflichtet, im Rahmen ihrer Möglichkeiten und nach entsprechender Unterweisung sowohl für ihre eigene Sicherheit als auch für die Gesundheit und Sicherheit anderer Personen zu sorgen, die durch ihre Handlungen betroffen sind. Arbeitsmittel, persönliche Schutzausrüstungen und Schutzvorrichtungen sind ordnungsgemäß und entsprechend ihrer

Bestimmung zu verwenden. Wird eine unmittelbare Gefahr festgestellt, die nicht selbst behoben werden kann, ist diese umgehend den Vorgesetzten zu melden. Zusätzlich sind Mängel an Schutzsystemen sowie besondere Gefahren für die Sicherheit und Gesundheit auch der Fachkraft für Arbeitssicherheit, dem Betriebsarzt und dem zuständigen Sicherheitsbeauftragten zu melden. Die Fachkräfte für Arbeitssicherheit und Betriebsärzte müssen bei der Ausübung ihrer Aufgaben durch die Beschäftigten unterstützt werden. Dies gilt auch für regelmäßige betriebsinterne Begehungen sowie betriebsexterne Kontrollen.

Die Beschäftigten haben das Recht,

- dem Arbeitgeber Vorschläge zu allen Fragen des Arbeitsschutzes zu machen und
- sich an die zuständige Behörde zu wenden, sofern aufgrund konkreter Anhaltspunkte die Arbeitsschutzmaßnahmen nicht ausreichen und der Arbeitgeber der Mängelbeseitigung nicht nachkommt.

Behördliche Kontrollen

Weiterhin regelt das ArbSchG die Befugnisse der Behörden für Untersuchungen und Kontrollen. Nach § 22 kann die Behörde Auskünfte und auch Unterlagen verlangen, um ihre Überwachungsaufgabe zu erfüllen. Eine Auskunft kann verweigert werden, um sich nicht selbst zu belasten.

Das **Arbeitsschutzkontrollgesetz** bessert das Arbeitsschutzgesetz nach; es setzt eine Mindestanzahl von Inspektionen pro Jahr und Bundesland fest. Siehe § 21 Abs. 1a ArbSchG: Die zuständigen Landesbehörden haben bei der Überwachung nach Absatz 1 sicherzustellen, dass im Laufe eines Kalenderjahres eine Mindestanzahl an Betrieben besichtigt wird. Beginnend mit dem Kalenderjahr sind im Laufe eines Kalenderjahres **mindestens 5 Prozent** der im Land vorhandenen Betriebe zu besichtigen (Mindestbesichtigungsquote).Darüber sind behördliche Kontrollen vor Ort möglich:

- **Zugang und Besichtigung:** Betreten, Besichtigen und Prüfen von Betriebsstätten, Geschäfts- und Betriebsräumen während der Betriebs- und Arbeitszeiten.
- **Einsichtnahme:** Überprüfung geschäftlicher Unterlagen der auskunftspflichtigen Person, soweit erforderlich.
- **Prüfung und Untersuchung:** Kontrolle von Betriebsanlagen, Arbeitsmitteln und persönlicher Schutzausrüstung.
- **Arbeitsprozesse analysieren:** Untersuchung von Arbeitsverfahren und -abläufen, einschließlich Messungen.
- **Gefahrenbewertung:** Feststellung und Untersuchung arbeitsbedingter Gesundheitsgefahren.
- **Unfallanalyse:** Untersuchung der Ursachen von Arbeitsunfällen, arbeitsbedingten Erkrankungen oder Schadensfällen.
- **Begleitung durch den Arbeitgeber:** Berechtigung, eine Begleitung durch den Arbeitgeber oder eine beauftragte Person zu verlangen.
- **Unterstützungspflicht:** Der Arbeitgeber oder verantwortliche Personen müssen die Kontrolleure bei ihrer Tätigkeit unterstützen.

Neben diesen Kontrollen ist die Beratung der Unternehmen bei der Erfüllung ihrer Pflichten eine maßgebliche Aufgabe.

Arbeitssicherheitsgesetz

Das ASiG über Betriebsärzte, Sicherheitsingenieure und andere Fachkräfte für Arbeitssicherheit regelt die Pflichten des Arbeitgebers zur Bestellung von Betriebsärzten, Sicherheitsingenieuren und anderen Fachkräften für Arbeitssicherheit, definiert deren Aufgaben und Stellung im Betrieb und fordert die betriebliche Zusammenarbeit im Arbeitsschutz, z. B. im Arbeitsschutzausschuss. Es soll eine fachkundige Beratung der Arbeitgeber sicherstellen. Leitgedanke des Gesetzes ist die **Prävention**.

Konkrete Anforderungen an die arbeitsmedizinische und sicherheitstechnische Betreuung sowie die Einsatzzeiten sind in der DGUV Vorschrift 2 geregelt. Die konkreten Aufgaben der **Fachkräfte für Arbeitssicherheit** sind in § 6 geregelt. Dazu gehören u. a. die Beurteilung der Arbeitsbedingungen, die Prüfung von Arbeitsmitteln sowie nach § 6 Nr. 3a die Durchführung des Arbeitsschutzes und der Unfallverhütung zu beobachten und im Zusammenhang damit **die Arbeitsstätten in regelmäßigen Abständen zu begehen** und festgestellte Mängel dem Arbeitgeber oder den sonst für den Arbeitsschutz und die Unfallverhütung verantwortlichen Personen mitzuteilen, Maßnahmen zur Beseitigung dieser Mängel vorzuschlagen und auf deren Durchführung hinzuwirken u. v. m. Die Aufgaben der **Betriebsärzte** überschneiden sich weitgehend mit denen der Sifas, auch hinsichtlich der Betriebsbegehungen, siehe § 3 Abs. 1 Nr. 3a ASiG.

Betriebsärzte und Fachkräfte für Arbeitssicherheit sind insbesondere bei Betriebsbegehungen zur **Zusammenarbeit** verpflichtet, siehe §10 ASiG.

Mutterschutzgesetz

Das Mutterschutzgesetz schützt werdende, stillende und nicht stillende Mütter vor gesundheitsschädlicher Beschäftigung. Es gilt für Schwangere und Mütter in Arbeitsverhältnissen, für weibliche Beschäftigte in Heimarbeit sowie für Schülerinnen, Studentinnen und andere Personen in ähnlichen Beschäftigungsarten. Zu den zentralen Regelungen gehören Beschäftigungsverbote, der Kündigungsschutz, die Mutterschutzfrist und die Arbeitszeitregelungen. Darüber hinaus werden finanzielle Aspekte und Vorschriften zur Ausführung körperlich belastender Arbeiten geregelt.

Jugendarbeitsschutzgesetz

Das Jugendarbeitsschutzgesetz hat die Aufgabe, Kinder und Jugendliche vor Überforderung sowie vor Gefahren am Ausbildungs- und Arbeitsplatz zu schützen. Es stellt sicher, dass ausreichend ärztliche Betreuung sowie Freizeit für Erholung und persönliche Entfaltung gewährleistet sind. Das Gesetz gilt für die Beschäftigung von Kindern (unter 15 Jahren) und Jugendlichen (unter 18 Jahren) in der Berufsausbildung, als Arbeitnehmer oder in anderen Beschäftigungsverhältnissen. Besonders wichtig sind die Regelungen zu Arbeitszeiten und Arbeitstagen.

Übersicht

Wichtige Regelwerke im Arbeitsschutz

Firma/Einrichtung und Stempel

Thema	Regelwerke
Gesetzliche Unfallversicherung	• Siebentes Sozialgesetzbuch (SGB VII)
Verantwortung im Arbeitsschutz	• Vertrag über Arbeitsweise der EU, § 153 bzw. Richtlinie 89/391/EWG • Unfallverhütungsvorschrift DGUV Vorschrift 1 „Grundsätze der Prävention" • Bürgerliches Gesetzbuch (BGB), insbesondere §§ 618, 823, 831 • Ordnungswidrigkeitengesetz (OwiG, § 9) • Strafgesetzbuch (StGB), insbesondere §§ 13, 14
Betriebsarzt und Fachkraft für Arbeitssicherheit (Sifa)	• Arbeitssicherheitsgesetz (ASiG) • Unfallverhütungsvorschrift DGUV Vorschrift 2 „Betriebsärzte und Sifa"
Beschaffung von Arbeitsmitteln	• Betriebssicherheitsverordnung (BetrSichV) • Produktsicherheitsgesetz (ProdSG)/Verordnungen zum ProdSG (ProdSV)
Umgang mit biologischen Arbeitsstoffen	• Biostoffverordnung (BioStoffV) • Technische Regeln für Biologische Arbeitsstoffe (TRBA)
Umgang mit Gefahrstoffen	• Chemikaliengesetz (ChemG) • Gefahrstoffverordnung (GefStoffV) • Technische Regeln für Gefahrstoffe (TRGS)
Besonders geschützte Beschäftigungsgruppen	• Mutterschutzgesetz (MuSchG) • Verordnung zum Schutz der Mütter am Arbeitsplatz (MuSchArbV) • Jugendarbeitsschutzgesetz (JArbSchG) • Verordnung über den Kinderarbeitsschutz (KindArbSchV) • Sozialgesetzbuch IX (SGB IX), v. a. Prävention nach § 84 Abs. 2 • Lastenhandhabungsverordnung (LasthandhabV)
Erste Hilfe	• Siebentes Sozialgesetzbuch VII (SGB VII) • Unfallverhütungsvorschrift DGUV Vorschrift 1 „Grundsätze der Prävention"
Brandschutz	• Arbeitsschutzgesetz (ArbSchG) • Technische Regeln für Arbeitsstätten (ASR), z. B. ASR A2.2 • Unfallverhütungsvorschrift DGUV Vorschrift 1 „Grundsätze der Prävention"
Gefährdungsbeurteilung und Schutzmaßnahmen	• Arbeitsschutzgesetz (ArbSchG) • Arbeitsstättenverordnung (ArbStättV) • Betriebssicherheitsverordnung (BetrSichV) • Biostoffverordnung (BioStoffV) • Gefahrstoffverordnung (GefStoffV) • PSA-Benutzungsverordnung (PSA-BV) • Unfallverhütungsvorschrift DGUV Vorschrift 1 „Grundsätze der Prävention" • Technische Regeln für Gefahrstoffe, z. B. TRGS 400 • Technische Regeln für Betriebssicherheit, z. B. TRBS 1111 • Technische Regeln für Arbeitsstätten, z. B. ASR V3 „Gefährdungsbeurteilung"
Prüfpflichten	• Betriebssicherheitsverordnung (BetrSichV) • Unfallverhütungsvorschriften, z. B. DGUV Vorschrift 3 „Elektrische Anlagen" • Technische Regeln für Betriebssicherheit, z. B. TRBS 1201
Arbeitsmedizinische Vorsorge	• Verordnung zur arbeitsmedizinischen Vorsorge (ArbMedVV) • Arbeitsmedizinische Regeln (AMR)
Sicherheitsunterweisung	• Arbeitsschutzgesetz (ArbSchG) • Arbeitsstättenverordnung (ArbStättV) • Biostoffverordnung (BioStoffV) • Gefahrstoffverordnung (GefStoffV) • Strahlenschutzverordnung (StrlSchV) • Unfallverhütungsvorschrift DGUV Vorschrift 1 „Grundsätze der Prävention" • Unfallverhütungsvorschrift DGUV Vorschrift 3 „Elektrische Anlagen"
Strahlenschutz	• Strahlenschutzverordnung (StrlSchV)

Verordnungen

Firma/Einrichtung und Stempel

Die **Arbeitsschutzverordnungen** – einschließlich der Arbeitsmedizinischen Vorsorgeverordnung (ArbMedVV), der Arbeitsstättenverordnung (ArbStättV), der Betriebssicherheitsverordnung (BetrSichV) und der Gefahrstoffverordnung (GefStoffV) – legen die grundlegenden Sicherheitsstandards für den Schutz von Beschäftigten am Arbeitsplatz fest. Gemeinsam mit den **Technischen Regeln** bilden diese Verordnungen die Basis für die Identifikation von Gefährdungen und die Definition notwendiger Schutzmaßnahmen.

Begehungen, Prüfungen und Kontrollen spielen eine zentrale Rolle, um sicherzustellen, dass die festgelegten Standards eingehalten und kontinuierlich überwacht werden.

Arbeitsmedizinische Vorsorgeverordnung (ArbMedVV)

Die ArbMedVV legt fest, wie Beschäftigte über **gesundheitliche Risiken ihrer Tätigkeit aufgeklärt und informiert** werden müssen. Arbeitgeber sowie Betriebsärzte sind verpflichtet, die Tätigkeiten, Arbeitsmittel und Arbeitsbedingungen umfassend zu bewerten, um daraus notwendige Schutzmaßnahmen abzuleiten. Ziel ist es, die Arbeitskraft zu erhalten, ein betriebliches Gesundheitskonzept zu fördern und die Beschäftigten im sicheren Umgang mit gesundheitlichen Belastungen zu unterstützen.

Eine individuelle Beurteilung ist dabei entscheidend. Die daraus abgeleiteten Präventionsmaßnahmen müssen in die Organisation des Arbeitsschutzes integriert und – soweit erforderlich – in die Gefährdungsbeurteilung aufgenommen werden. Daraus ergibt sich die Pflicht des Arbeitgebers (§ 3 ArbMedVV), auf Basis dieser Beurteilung eine angemessene arbeitsmedizinische Vorsorge sicherzustellen.

Um eine vollständige Einschätzung aller Gegebenheiten und möglichen Gefährdungen zu gewährleisten, muss der Arbeitgeber

- eine Betriebsärztin oder einen Betriebsarzt beauftragen (Anforderungen nach § 7 ArbMedVV sind einzuhalten),
- alle notwendigen Informationen bereitstellen und
- eine Begehung der Arbeitsstätte ermöglichen.

Strafbar macht sich jeder, der das Leben oder die Gesundheit von Mitarbeitern und Mitarbeiterinnen durch vorsätzliche Verstöße gegen diese Verordnung oder durch vorsätzliche Ordnungswidrigkeiten gefährdet.

Pflichten von Betriebsarzt und -ärztin bei arbeitsmedizinischer Vorsorge (§ 6 ArbMedVV)

Bei der arbeitsmedizinischen Vorsorge sind die ArbMedVV-Vorgaben hinsichtlich Pflicht- und Angebotsvorsorge zu beachten:

- Kenntnisnahme der Arbeitsplatzsituation vor der Vorsorgemaßnahme zur Beurteilung arbeitsbedingter Gefährdungen
- Aufklärung der Beschäftigten über Zweck und Risiken vor Durchführung körperlicher oder klinischer Untersuchungen
- Diese Untersuchungen dürfen nicht gegen den Willen des oder der Beschäftigten erfolgen.
- Biomonitoring bei Verfügbarkeit arbeitsmedizinisch anerkannter Analyseverfahren und Auswertungsmöglichkeiten
- Biomonitoring darf nicht gegen den Willen der oder des Beschäftigten durchgeführt werden.
- Impfungen sind Beschäftigten bei höherem Infektionsrisiko gegenüber der Allgemeinbevölkerung anzubieten.
- Ergebnis und Befunde der Vorsorge sind schriftlich zu dokumentieren und mit dem/der Beschäftigten zu beraten. Sie sind dem oder der Beschäftigten auf Wunsch zur Verfügung zu stellen.
- Das Beratungsgespräch umfasst eine Anamnese einschließlich einer Arbeitsanamnese.
- Es ist eine Vorsorgebescheinigung für die/den Beschäftigte(n) und den Arbeitgeber auszustellen. Sie beinhaltet: Anlass und Datum des Vorsorgetermins und Angabe, wann eine weitere arbeitsmedizinische Vorsorge angezeigt ist.
- Ist ein Tätigkeitenwechsel zu empfehlen, ist das Einverständnis der/des Beschäftigten erforderlich.
- Die ärztliche Schweigepflicht ist zu beachten.

Ergeben sich aus den Untersuchungen notwendige Änderungen für den Arbeitsschutz im Unternehmen, ist der Arbeitgeber zu informieren und mögliche Maßnahmen sind zu empfehlen. Gemeinsam werden dann neue Schutzmaßnahmen erarbeitet.

Pflichtvorsorge (§ 4 ArbMedVV)

Eine Pflichtvorsorge ist erforderlich, wenn am Arbeitsplatz mit Arbeitsstoffen umgegangen wird, die Gefahrenpotenzial beinhalten, sowie Tätigkeiten ausgeführt werden, die hohe physische Belastungen mit sich bringen. Gefährliche Arbeitsstoffe sind sowohl Gefahrstoffe, also Chemikalien, als auch Biostoffe wie Viren und Bakterien. Der Arbeitgeber hat diese Pflichtvorsorgeuntersuchungen vor Aufnahme der jeweiligen Tätigkeit sowie in bestimmten zeitlichen Abständen zu veranlassen. Der Arbeitnehmer darf die Tätigkeit ohne entsprechende Vorsorge nicht aufnehmen.

Wann eine Pflichtvorsorge vorgeschrieben ist, ist im Anhang der ArbMedVV im Detail charakterisiert. Eine Pflichtvorsorge muss unter anderem bei

- gezielten Tätigkeiten mit einem biologischen Arbeitsstoff der Risikogruppe 4,
- bei Tätigkeiten mit extremer Hitzebelastung, die zu einer besonderen Gefährdung führen kann,
- bei Tätigkeiten mit extremer Kältebelastung (unter -25 °C),

- bei Tätigkeiten mit hoher Lärmexposition,
- bei Tätigkeiten, die mit Taucharbeiten verbunden sind und
- auch bei Tätigkeiten, bei denen hohe Expositionswerte für Laserstrahlung auftreten (§ 6 OStrV),

erfolgen. Im Anhang der ArbMedVV werden außerdem Tätigkeiten beschrieben, die in den Bereich der Angebotsvorsorge fallen.

Angebotsvorsorge (§ 5 ArbMedVV)

Bei verschiedenen Tätigkeiten, die ein gesundheitliches Risiko beinhalten, muss vom Arbeitgeber eine Vorsorgeuntersuchung angeboten werden. Die betroffenen Mitarbeiter und Mitarbeiterinnen sind jedoch nicht verpflichtet, das Angebot anzunehmen. Ungeachtet dessen muss diese Untersuchung in regelmäßigen Abständen angeboten werden. Erkrankt ein Mitarbeiter oder eine Mitarbeiterin wegen der ausgeübten Tätigkeit oder steht die Erkrankung im Verdacht, mit der Tätigkeit zusammenzuhängen, so ist der Arbeitgeber verpflichtet, diesen Mitarbeitern eine Vorsorge anzubieten. Wird diese oder eine sehr ähnliche Tätigkeit auch von anderen Mitarbeitern ausgeführt, so ist diesen ebenfalls eine Vorsorgeuntersuchung anzubieten. Hat ein Mitarbeiter oder eine Mitarbeiterin eine Tätigkeit mit einem entsprechenden Gefährdungspotenzial beendet und es besteht der Verdacht, dass es nach einer Latenzzeit zu einer Erkrankung kommen kann, so ist vonseiten des Arbeitgebers eine Vorsorge anzubieten. Nach Beendigung des Beschäftigungsverhältnisses geht die Angebotspflicht an die gesetzlichen Unfallversicherungen über.

Wunschvorsorge (§ 5a ArbMedVV)

Kann bei bestimmten Tätigkeiten eine gesundheitliche Gefährdung nicht ausgeschlossen werden, so hat der Arbeitgeber auf Wunsch des Mitarbeiters eine Wunschvorsorge anzubieten. Ist allerdings aufgrund der Gefährdungsbeurteilung und eventuell gemessener Daten ein Gesundheitsschaden nicht zu erwarten, so kann der Arbeitgeber die Forderung nach einer Wunschvorsorge ausschlagen.

Arbeitsstättenverordnung (ArbStättV)

Die Arbeitsstättenverordnung (ArbStättV) dient der Sicherheit und dem Schutz der Gesundheit der Beschäftigten. Arbeitsstätten sind so **einzurichten** und zu **betreiben**, dass Gefährdungen der Beschäftigten vermieden werden. Einzelheiten zu Umfang und Einschränkungen des Anwendungsbereichs sind Inhalt von § 1 ArbStättV.

Die ArbStättV zielt darauf ab, Unfälle und Gesundheitsgefahren durch mangelhafte Arbeitsstätten zu verhindern. Sie regelt die Definition sowie die sichere Gestaltung von Arbeitsplätzen, um Unfälle wie Stürze oder Transportunfälle sowie Gesundheitsrisiken durch Lärm oder gefährliche Glasflächen zu vermeiden. Zudem fördert sie eine menschengerechte Arbeitsumgebung mit gesundheitsfördernden Bedingungen (Luft, Klima, Beleuchtung) und stellt Anforderungen an hygienische Sanitärräume sowie geeignete Sozialräume. Darüber hinaus enthält die ArbStättV Anforderungen zur Fachkunde (§ 2 Abs. 13) sowie zur Gefährdungsbeurteilung (§ 3) bezüglich Arbeitsstätten:

- **Feststellung der Gefährdungen:** Der Arbeitgeber muss ermitteln, ob und welche Gefährdungen für die Beschäftigten bei der Einrichtung und beim Betreiben von Arbeitsstätten bestehen.
- **Berücksichtigung von Arbeitsorganisation und -abläufen:** Bei der Beurteilung sind sowohl physische als auch psychische Belastungen zu beachten, bei Bildschirmarbeitsplätzen insbesondere die Belastung der Augen oder die Gefährdung des Sehvermögens.
- **Schutzmaßnahmen:** Auf Basis der Gefährdungsbeurteilung müssen geeignete Schutzmaßnahmen nach den aktuellen Standards (Technik, Arbeitsmedizin, Hygiene) festgelegt werden.
- **Fachliche Durchführung:** Die Gefährdungsbeurteilung muss fachkundig erfolgen. Bei fehlender Kenntnis des Arbeitgebers ist eine fachkundige Beratung erforderlich.
- **Dokumentation**: Die Ergebnisse der Gefährdungsbeurteilung sind vor Aufnahme der Tätigkeiten zu dokumentieren, einschließlich der identifizierten Gefährdungen und der festgelegten Schutzmaßnahmen.

Um mögliche Gefährdungen zu erkennen und die anschließend getroffenen Schutzmaßnahmen auf Wirksamkeit zu überprüfen, sind Begehungen notwendig. Nur vor Ort können alle individuellen Faktoren berücksichtigt werden.

Grundpflichten des Arbeitgebers

Der Arbeitgeber hat die Einhaltung der Regelungen der ArbStättV durchzusetzen. Wichtige Aufgaben sind:

- Veranlassen der Prüfungen von Sicherheitseinrichtungen wie Sicherheitsbeleuchtung, Feuer- und Brandschutzeinrichtungen, sowie Mitteln und Einrichtungen zur Ersten Hilfe (§ 4 ArbStättV)
- Umsetzung der Vorgaben zum Nichtraucherschutz (§ 5). Darunter fällt auch der Schutz vor Rauchen und Dämpfen von Cannabisprodukten. (Wichtig: Betriebsinterne Regelungen zum Cannabiskonsum festlegen!)
- Unterweisung der Beschäftigten (§ 6)

Beim Einrichten und Betreiben von Arbeitsstätten müssen folgende Aspekte beachtet werden:

- Anforderungen an bauliche Maßnahmen wie Treppen, Notausgänge, Fenster etc.
- Aufstellen von Notfallmaßnahmen
- Arbeitsbedingungen wie Lüftung, Lärm oder Temperatur
- Anforderungen an weitere Räume wie Sanitär- oder Pausenräume
- Anforderungen an Bildschirmarbeitsplätze

Technische Regeln für Arbeitsstätten (ASR)

Die Technischen Regeln für Arbeitsstätten (ASR) konkretisieren die Anforderungen der Arbeitsstättenverordnung (ArbStättV). Sie geben den Stand der Technik, Arbeitsmedizin und Arbeitshygiene sowie sonstige gesicherte arbeitswissenschaftliche Erkenntnisse für das Einrichten und Betreiben von Arbeitsstätten wieder und definieren damit das Schutzniveau, das einzuhalten ist. Bei Umsetzung der Regeln kann vermutet werden, dass die gesetzlichen Vorgaben eingehalten werden (Vermutungswirkung). Übergangsregelungen sind möglich, wenn eine Anpassung an aktualisierte Vorgaben nur mit erheblichem Aufwand möglich ist. Eine Übersicht über alle Technischen Regeln für Arbeitsstätten (ASR) ist auf der Internetseite der Bundesanstalt für Arbeitsschutz und Arbeitsmedizin unter www.baua.de zu finden.

Betriebssicherheitsverordnung (BetrSichV)

Die Betriebssicherheitsverordnung (BetrSichV) dient der Verbesserung des Arbeitsschutzes bei der Nutzung von Arbeitsmitteln durch Beschäftigte und dem Schutz Dritter beim Betrieb überwachungsbedürftiger Anlagen. Sie gilt nicht nur für Beschäftigte, sondern auch für Schüler, Studierende, in Heimarbeit Tätige sowie weitere Personengruppen (§ 2 Abs.4 BetrSichV).

Ein zentrales Schutzziel ist die sichere **Verwendung von Arbeitsmitteln**, wobei die Verordnung dem Arbeitgeber eine hohe Flexibilität ermöglicht (§ 3 ff.). Die Verantwortlichkeiten von Herstellern und Arbeitgebern sind klar voneinander abgegrenzt. Arbeitsmittel, die der Arbeitgeber bereitstellt, müssen den geltenden Vorschriften des EU-Binnenmarkts für Sicherheit und Gesundheitsschutz entsprechen.

Die BetrSichV legt besonderes Augenmerk auf **Unfallschwerpunkte**, insbesondere bei Instandhaltungsarbeiten, außergewöhnlichen Betriebszuständen, Störungen und möglichen Manipulationen. Darüber hinaus enthält sie spezielle Vorgaben zur alters- und alternsgerechten Gestaltung sowie zur Minimierung ergonomischer und psychischer Belastungen.

Ein weiterer zentraler Aspekt sind die Anforderungen an **Gefährdungsbeurteilungen** (§ 3), die vorgeschriebenen Prüfungen (einschließlich Dokumentation) und die zu treffenden Schutzmaßnahmen. Außerdem definiert die Verordnung hohe Anforderungen an die Qualifikation der Prüfer.

Inhalt der fünf Abschnitte der BetrSichV
Abschnitt 1 - Anwendungsbereich und Begriffsbestimmungen
Abschnitt 2 - Gefährdungsbeurteilung und Schutzmaßnahmen
Abschnitt 3 - Zusätzliche Vorschriften für überwachungsbedürftige Anlagen
Abschnitt 4 - Vollzugsregelungen und Ausschuss für Betriebssicherheit
Abschnitt 5 - Ordnungswidrigkeiten und Straftaten, Schlussvorschriften

Anhänge mit speziellen Anforderungen für bestimmte Arbeitsmittel und überwachungsbedürftige Anlagen
Anhang 1 - Besondere Vorschriften für bestimmte Arbeitsmittel
Anhang 2 - Prüfvorschriften für überwachungsbedürftige Anlagen
Anhang 3 - Prüfvorschriften für bestimmte Arbeitsmittel

Grundpflichten des Arbeitgebers

Die Grundpflichten des Arbeitgebers machen deutlich, dass Arbeitsmittel erst nach einer Gefährdungsbeurteilung, der Umsetzung technischer Schutzmaßnahmen und der Sicherstellung ihrer sicheren Verwendung eingesetzt werden dürfen. Sollte dies nicht durch technische Schutzmaßnahmen möglich sein, sind ergänzende organisatorische und personenbezogene Maßnahmen erforderlich, wobei der Arbeitgeber zudem für regelmäßige Prüfungen, Dokumentationen und die Berücksichtigung von Arbeitsschutzbelangen in der betrieblichen Organisation sorgen muss.

Technische Regeln für Betriebssicherheit (TRBS)

Die TRBS **konkretisieren** die Betriebssicherheitsverordnung (BetrSichV) hinsichtlich der Ermittlung und Bewertung von Gefährdungen sowie der Ableitung von geeigneten Maßnahmen. Bei Anwendung der beispielhaft genannten Maßnahmen kann der Arbeitgeber die Vermutung der Einhaltung der Vorschriften der Betriebssicherheitsverordnung geltend machen (Vermutungswirkung). Wählt der Arbeitgeber eine andere Lösung, hat er eine gleichwertige Erfüllung der Verordnung schriftlich nachzuweisen.

Die TRBS geben den Stand der Technik, der Arbeitsmedizin und Hygiene sowie entsprechende Regeln und sonstige gesicherte arbeitswissenschaftliche Erkenntnisse für
- die Bereitstellung der Arbeitsmittel,
- die Benutzung von Arbeitsmitteln und
- den Betrieb von überwachungsbedürftigen Anlagen

wieder.

Neben den TRBS erarbeitet der Ausschuss für Betriebssicherheit (ABS), der das BMAS zur BetrSichV berät, „Empfehlungen zur Betriebssicherheit“ (EmpfBS). Der Unterschied zu den TRBS besteht darin, dass bei Anwendung der EmpfBS geprüft werden muss, ob die Vorgaben der BetrSichV eingehalten werden. Die Vermutungswirkung greift nicht. Die Einhaltung der EmpfBS führt nicht zur Umkehr der Beweislast im Schadensfall. Sowohl TRBS als auch EmpfBS werden im Gemeinsamen Ministerialblatt (GMBl) bekannt gemacht. Eine Übersicht über die TRBS und EmpfBS ist auf der Internetseite der Bundesanstalt für Arbeitsschutz und Arbeitsmedizin über www.baua.de zu finden.

Gefahrstoffverordnung (GefStoffV)

Nach § 1 der Gefahrstoffverordnung ist das Ziel der Verordnung, Menschen und Umwelt vor **stoffbedingten Schädigungen zu schützen**. Die Verordnung enthält Regelungen zur Einstufung, Kennzeichnung und Verpackung gefährlicher Stoffe, Maßnahmen zum Schutz der Beschäftigten beim Umgang mit Gefahrstoffen sowie Beschäftigungsbeschränkungen und Regelungen für das Inverkehrbringen von Stoffen. Der Arbeitgeber wird durch die GefStoffV zur Gefährdungsbeurteilung verpflichtet. Er muss feststellen, ob Beschäftigte Tätigkeiten mit Gefahrstoffen ausüben oder ob bei ihren Tätigkeiten Gefahrstoffe entstehen oder freigesetzt werden können (§ 6 GefStoffV). Je nach Gefahrenlage müssen Schutzmaßnahmen festgelegt und auf ihre Wirksamkeit regelmäßig überprüft werden.

Die Einstufung, Kennzeichnung und Verpackung von Stoffen und Gemischen muss gemäß § 4 GefStoffV entsprechend den Bestimmungen der Verordnung (EG) 1272/2008 (sogenannte **CLP-Verordnung**) erfolgen. Durch die CLP-Verordnung wird in Europa das global harmonisierte System zur Einstufung und Kennzeichnung von Chemikalien GHS (Global Harmonized System of Classification and Labelling of Chemicals) umgesetzt. Die CLP-Verordnung wird regelmäßig aktualisiert und wurde zuletzt aufgrund technologischer Entwicklungen und auch neuer Verkaufsformen durch die Verordnung (EU) 2024/286 vom 23.10.2024 angepasst. Die CLP-Verordnung unterscheidet zwischen Legaleinstufungen, die verbindlich einzuhalten sind, und Selbsteinstufungen. Stoffe, für die keine Legaleinstufungen vorliegen, müssen eigenverantwortlich bewertet und eingestuft werden. Für Gemische ist das grundsätzlich erforderlich.

Grundpflichten Arbeitgeber (§ 7 GefStoffV)

Der Arbeitgeber hat Pflichten, die teilweise der Aufnahme einer Tätigkeit mit Gefahrstoffen vorausgehen oder im Laufe der Arbeitstätigkeit einzuhalten sind:

- **Gefährdungsbeurteilung**: Durchführung und Festlegung notwendiger Schutzmaßnahmen.
- Integration in die Organisation: Arbeitsschutz muss in die betriebliche Organisation eingebunden werden.
- **Substitution**: Ersetzung gefährlicher Stoffe durch weniger gefährliche Alternativen.
- **Schutzmaßnahmen**: Vorrang von technischen und kollektiven Schutzmaßnahmen, gefolgt von persönlicher Schutzausrüstung.
- **Prüfungen**: Regelmäßige Überprüfung der Schutzmaßnahmen und Einhaltung von Grenzwerten.
- **Exposition**: Überwachung und Dokumentation der Exposition gegenüber Gefahrstoffen.

Technische Regeln für Gefahrstoffe (TRGS)

Der Ausschuss für Gefahrstoffe (AGS) erarbeitet als Beratungsgremium des Bundesministeriums für Arbeit und Soziales (BMAS) die Technischen Regeln für Gefahrstoffe (TRGS). Die Regeln betreffen die Gefährdungsbeurteilung (TRGS-Reihe 400), Schutzmaßnahmen bei Tätigkeiten mit Gefahrstoffen (TRGS-Reihe 500) und Ersatzstoffe und Ersatzverfahren (TRGS-Reihe 600). Es gibt zudem Regeln zum Brand- und Explosionsschutz (TRGS-Reihen 700 und 800) sowie zu Grenzwerten, Einstufungen und Begründungen (TRGS-Reihe 900). Die Technischen Regeln für Gefahrstoffe werden im Gemeinsamen Ministerialblatt (GMBl) veröffentlicht. Die Regeln sind auch auf der Internetseite der Bundesanstalt für Arbeitsschutz und Arbeitsmedizin unter www.baua.de zu finden.

Arbeitsschutzverordnung zu Biostoffen (BioStoffV)

Die **BioStoffV** regelt Maßnahmen zum Schutz von Sicherheit und Gesundheit der Beschäftigten vor Gefährdungen durch Tätigkeiten mit Biostoffen.

Technische Regeln zur Arbeitsschutzverordnung zu Biostoffen (TRBA)

Die **TRBA** konkretisieren diese Verordnung und geben praktische Hinweise zur Gefährdungsbeurteilung, Schutzmaßnahmen und Hygiene/Desinfektion. Die Regeln sind auch auf der Internetseite der Bundesanstalt für Arbeitsschutz und Arbeitsmedizin unter www.baua.de zu finden.

Arbeitsschutzverordnung zu elektromagnetischen Feldern (EMFV)

Die **EMFV** setzt die europäische Richtlinie 2013/35/EU über Mindestvorschriften zum Schutz von Arbeitnehmern vor Gefährdungen durch elektromagnetische Felder in nationales Recht um.

Technische Regeln zur Arbeitsschutzverordnung zu elektromagnetischen Feldern (TREMF)

Die **TREMF** konkretisieren diese Verordnung und geben praktische Hinweise zur Gefährdungsbeurteilung, Schutzmaßnahmen und zur Einhaltung der Expositionsgrenzwerte für elektromagnetische Felder am Arbeitsplatz. Die Regeln sind auch auf der Internetseite der Bundesanstalt für Arbeitsschutz und Arbeitsmedizin unter www.baua.de zu finden.

Arbeitsschutzverordnung zu künstlicher optischer Strahlung (OStrV)

Die **OStrV** setzt die europäische Richtlinie 2006/25/EG zum Schutz von Arbeitnehmern vor Gefährdungen durch künstliche optische Strahlung in deutsches Recht um.

Technische Regeln zur Arbeitsschutzverordnung zu künstlicher optischer Strahlung (TROS)

Die **TROS** konkretisieren diese Verordnung und bieten praktische Hinweise zur Gefährdungsbeurteilung, Messung, zu Expositionsgrenzwerten sowie Schutzmaßnahmen für Beschäftigte, die optischer Strahlung (z. B. Laser oder intensive Lichtquellen) ausgesetzt sind. Die Regeln sind auch auf der Internetseite der Bundesanstalt für Arbeitsschutz und Arbeitsmedizin unter www.baua.de zu finden.

DGUV Vorschriften, Regeln, Informationen und Grundsätze

Firma/Einrichtung und Stempel

In Deutschland wird der Arbeitsschutz über ein duales Arbeitsschutzsystem geregelt. Neben dem Staat ist auch die **gesetzliche Unfallversicherung** für den Arbeitsschutz zuständig.

Zum DGUV Regelwerk gehören Regeln, Informationen und Grundsätze der DGUV (Deutsche Gesetzliche Unfallversicherung). Das Regelwerk der DGUV richtet sich vor allem an Unternehmer. Sie sollen mit dem Regelwerk eine Hilfestellung für die Umsetzung staatlicher Arbeitsschutzvorschriften und/oder Unfallverhütungsvorschriften erhalten.

Es ist in folgende Systematik eingeteilt:

- **DGUV Vorschriften** (rechtsverbindliche Unfallverhütungsvorschriften)
- **DGUV Regeln** (Hilfsmittel bei der Wahrnehmung von Pflichten im Bereich Sicherheit und Gesundheit)
- **DGUV Informationen** (Hilfsmittel bei der Wahrnehmung von Pflichten im Bereich Sicherheit und Gesundheit)
- **DGUV Grundsätze** (Hilfsmittel bei der Wahrnehmung von Pflichten im Bereich Sicherheit und Gesundheit)

DGUV Vorschriften

Die DGUV Vorschriften sind **rechtsverbindliche Unfallverhütungsvorschriften**, die von den Unfallversicherungsträgern gemäß § 15 Abs. 1 SGB VII erlassen werden. Sie dienen der Festlegung präventiver Maßnahmen zum Schutz vor arbeitsbedingten Erkrankungen, Arbeitsunfällen und Berufskrankheiten.

Diese Vorschriften werden durch Genehmigung der zuständigen Arbeitsschutzbehörde (BMAS, Landesbehörden) in Fachbereichen und Sachgebieten der DGUV erarbeitet und erlassen. Die DGUV Vorschriften stellen Schutzziele dar und gelten für alle Mitglieder (Unternehmen) und alle Versicherten (Beschäftigte, Nicht-Beschäftigte, Selbstständige) rechtsverbindlich. Die Aufsichtsdienste der Unfallversicherungsträger sind berechtigt, **angemeldete oder unangemeldete Kontrollen durchzuführen**. Sie können bei Verstößen ein Bußgeldverfahren einleiten. Während die meisten Vorschriften tätigkeits- oder themenbezogene Sachverhalte für eine Branche regeln, gibt es auch allgemeine branchenübergreifende Vorschriften, die für alle gleichermaßen gelten wie beispielsweise die **DGUV Vorschrift 1 „Grundsätze der Prävention“** und die **DGUV Vorschrift 2 „Betriebsärzte und Fachkräfte für Arbeitssicherheit“**.

Zu den Inhalten der **DGUV Vorschrift 1** gehören u. a. die Pflichten des Unternehmers – Kapitel 2 (z. B. Grundpflichten, Beurteilung, Dokumentation und Auskunftspflicht der Arbeitsbedingungen, Unterweisungen, Befähigungen, Betriebsbegehungen, Maßnahmen bei Mängeln u. v. m.), auf die im Zusammenhang mit der Gefährdungsbeurteilung gesondert hingewiesen wird (DGUV Vorschrift 1 § 3). Diese ist zu erstellen und insbesondere bei Veränderungen zu überprüfen. Ebenso sind die darin festgelegten Maßnahmen und Ergebnisse zu prüfen und zu dokumentieren. Des Weiteren werden die Pflichten der Versicherten in Kapitel 3 beschrieben und die Organisation des betrieblichen Arbeitsschutzes in Kapitel 4 (Bestellung von Fachkraft für Arbeitssicherheit und Betriebsarzt, Bestellung von Sicherheitsbeauftragten, Maßnahmen bei besonderen Gefahren (Notfallmaßnahmen, Einflüsse von außen, die Erste-Hilfe-Regelung und die persönlichen Schutzausrüstungen)).

Die **DGUV Vorschrift 2** definiert die Pflichten des Unternehmers zur Betreuung durch Betriebsärzte und Fachkräfte für Arbeitssicherheit. Neben der erforderlichen Fachkunde werden vor allem die betriebsärztlichen und sicherheitstechnischen Aufgaben beschrieben. Darüber hinaus werden in Abhängigkeit von der Betriebsgröße verschiedene Betreuungsmodelle (Regelbetreuung oder alternative Betreuung) festgelegt, die trägerspezifisch ausgestaltet werden. In der überarbeiteten DGUV Vorschrift 2 wird die betriebliche Betreuung deutlich verbessert.

Hinweis:
Die DGUV Vorschrift 2 erhielt eine verständlichere, zielgerichtete und modernere Anpassung: „DGUV Vorschrift 2: Betriebsärztinnen und Betriebsärzte sowie Fachkräfte für Arbeitssicherheit". 2025 beginnen die ersten Unfallversicherungsträger mit der Inkraftsetzung der trägerspezifischen Fassungen.

DGUV Regeln

Die Regeln richten sich an Unternehmer und bieten Unterstützung (Hilfestellung) bei der Umsetzung der Pflichten aus staatlichen Arbeitsschutz- und Unfallverhütungsvorschriften. Sie zeigen auf, wie Arbeitsunfälle, Berufskrankheiten und arbeitsbedingte Gesundheitsgefahren effektiv vermieden werden können.

Im Wesentlichen sind diese Regeln **Konkretisierungen** von Inhalten aus:

- staatlichen Arbeitsschutzvorschriften (Gesetze, Verordnungen),
- Unfallverhütungsvorschriften,
- technischen Spezifikationen sowie
- den praktischen Erfahrungen aus der Präventionsarbeit der Unfallversicherungsträger.

Im Unterschied zu den verbindlichen Unfallverhütungsvorschriften sind die Regeln nicht rechtsverbindlich, sondern als **Empfehlungen** zu verstehen. Sie bieten konkrete Maßnahmen, um die Arbeitsschutzpflichten des Arbeitgebers zu erfüllen. In Bereichen, in denen staatliche Rechtsvorschriften keine Regelungen vorsehen oder das zuständige Ministerium keinen Bedarf für eine gesetzliche Regelung festgestellt hat, können diese Regeln eingesetzt werden.

Ein Beispiel ist die DGUV Regel „Grundsätze der Prävention" (DGUV Regel 100-001), die die Schutzziele der DGUV Vorschrift 1 „Grundsätze der Prävention" konkretisiert und erläutert. Sie ist ebenso umfassend wie die zugrunde liegende Vorschrift und gibt Unternehmen die notwendigen Informationen, um die in der DGUV Vorschrift 1 festgelegten Unternehmerpflichten im Arbeitsschutz zu erfüllen. Zu den wesentlichen Punkten gehören:

- Der Arbeitgeber ist verpflichtet, die Sicherheit und den Gesundheitsschutz der Beschäftigten zu gewährleisten und gegebenenfalls zu verbessern, wobei die Gefährdungsbeurteilung der erste wichtige Schritt ist.
- Um Versicherte in die Lage zu versetzen, Sicherheits- und Gesundheitsrisiken zu erkennen und entsprechend zu handeln, müssen ihnen individuelle Informationen und Anweisungen zur jeweiligen Arbeitssituation gegeben werden. Die Unterweisung spielt hier eine zentrale Rolle.
- Der Arbeitgeber muss einen Alarmplan erstellen, der die Maßnahmen in Notfällen (z. B. Brand, Unfall, Einbruch, Überfall) festlegt. Diese Maßnahmen müssen den Beschäftigten im Rahmen von Unterweisungen bekannt gemacht werden. Der Alarmplan ist regelmäßig zu aktualisieren, insbesondere bei Änderungen wie Personalwechsel oder neuen Telefonnummern.

Als Methode der Gefährdungsbeurteilung ist die **Begehung** ein wesentlicher Faktor. Gleichartige Tätigkeiten können beispielhaft an einem Arbeitsplatz beurteilt werden, einzelne Abweichungen sind entsprechend zu beurteilen. Regelmäßige Prüfungen von Arbeitsmitteln und Einrichtungen sind darüber hinaus Teil der Gefährdungsbeurteilung (BetrSichV).

Begehungen und Gefährdungsbeurteilungen ergänzen sich, indem sie gemeinsam zur Identifikation und Minimierung von Gefahren am Arbeitsplatz beitragen!

Begehungen ermöglichen eine direkte, visuelle Überprüfung der Arbeitsumgebung. Dabei können Mängel, unsichere Verhaltensweisen oder organisatorische Schwachstellen unmittelbar erkannt und dokumentiert werden.

Gefährdungsbeurteilungen analysieren systematisch potenzielle Risiken und bewerten deren Auswirkungen. Sie basieren auf den Erkenntnissen aus Begehungen, Fachexpertise, Unfallanalysen und anderen Datenquellen, um präventive Maßnahmen abzuleiten.

Durch regelmäßige Begehungen können bestehende Gefährdungsbeurteilungen überprüft und aktualisiert werden, während umgekehrt die Beurteilungen gezielt bestimmte Aspekte für Begehungen vorgeben. Beide Maßnahmen zusammen sorgen für eine kontinuierliche Verbesserung des Arbeitsschutzes.

Wendet der Arbeitgeber diese Regel der DGUV an, kann er davon ausgehen, dass die getroffenen Arbeitsschutzmaßnahmen von den Überwachungsbehörden nicht beanstandet werden.

DGUV Informationen

Informationen, wie schon Regeln, enthalten **Hinweise** und Empfehlungen, die die praktische Anwendung von Regelungen zu einem bestimmten Sachgebiet oder Sachverhalt erleichtern sollen und die z. B. für bestimmte Branchen, Tätigkeiten, Zielgruppen konkrete praxisgeeignete Arbeitsschutzmaßnahmen vorstellen.

Beispiele:

- DGUV Information **211-042 Sicherheitsbeauftragten**
- DGUV Information **203-070 Wiederkehrende Prüfungen ortsveränderlicher elektrischer Arbeitsmittel**

DGUV Grundsätze

Grundsätze enthalten Maßstäbe für bestimmte Verfahrensfragen, z. B. hinsichtlich der einheitlichen Durchführung von **Prüfungen, Ausbildungen** oder arbeitsmedizinischen Untersuchungen.

Beispiele:

- DGUV Grundsatz **309-001 Prüfung von Kranen**
- DGUV Grundsatz **314-003 Prüfung von Fahrzeugen auf Betriebssicherheit**
- DGUV Grundsatz **311-003 Prüfbuch für Hebebühnen**

Aushangpflichten für den Arbeitgeber

Firma/Einrichtung und Stempel

Gesetzliche und sonstige Aushangpflichten

Arbeitgeber sind verpflichtet, Arbeitnehmer über ihre Rechte durch Aushänge zu informieren.

Die Aushangpflicht ergibt sich aus dem Arbeits- und Arbeitsschutzrecht, deren Einhaltung durch die Gewerbeaufsicht überprüft wird. Es gibt aushangpflichtige Vorschriften, die von nahezu allen Betrieben und Dienststellen in geeigneter Form betriebsöffentlich gemacht werden müssen, wobei für spezielle Branchen eine Beratung bei der Gewerbeaufsicht ratsam ist. Der Arbeitgeber muss Arbeitnehmern die für sein Unternehmen relevanten Gesetze und Verordnungen zugänglich machen. Darunter fallen die Arbeitnehmer betreffenden

- Gesetze,
- Verordnungen,
- Unfallverhütungsvorschriften,
- Tarifverträge
- und Betriebsvereinbarungen.

Die Information geschieht in der Regel durch das **Auslegen oder Aushängen relevanter Texte** an allgemein zugänglichen Stellen, wie dem Schwarzen Brett, Glasschaukästen usw. Bei Bedarf können auch Übersetzungen für ausländische Mitarbeiter erforderlich sein. Wenn ein Betriebsrat existiert, muss dieser ebenfalls informiert werden. Alternativ können Bekanntmachungen über das Intranet veröffentlicht werden, sofern alle Mitarbeiter Zugang haben und Änderungen verhindert werden.

Die Aushangpflicht ist regelmäßig auf Vollständigkeit und Aktualität zu prüfen. **Mindestens einmal jährlich** sollten die ausgehängten Gesetze durch die aktuell gültige Variante ersetzt werden.

Verstöße gegen Aushangpflicht

Wenn der Arbeitgeber seiner Aushangpflicht nicht nachkommt, können unterschiedliche Folgen eintreten:

- Der Arbeitgeber kann sich schadensersatzpflichtig machen, wenn der Verstoß gegen eine Aushangpflicht ursächlich für den Eintritt eines Schadens geworden ist.
- Bei den meisten Vorschriften stellt eine Verletzung der Aushangverpflichtungen eine Ordnungswidrigkeit dar, die mit einem Bußgeld belegt werden kann.
- Sind betriebsverfassungsrechtliche Regelungen betroffen, können Beseitigungs- und Unterlassungsansprüche bestehen; Verstöße im Zusammenhang mit Wahlen können eine Anfechtbarkeit der Wahl zur Folge haben.

Hinweis: Ein Verstoß gegen die Aushangpflicht kann gemäß den Vorschriften des Arbeitszeitgesetzes (ArbZG) mit einem Bußgeld von bis zu 5.000 Euro geahndet werden.

Die wichtigsten (branchenunabhängigen) aushangpflichtigen Gesetze

Gesetze und Verordnungen	Anmerkungen zur Aushangpflicht	
Allgemeines Gleichbehandlungsgesetz (AGG)	lt. § 12 Abs. 5 AGG mit Hinweis auf die zuständige Stelle für Beschwerden	☐
Arbeitsgerichtsgesetz (ArbGG)	gemäß § 61b ArbGG	☐
Arbeitszeitgesetz (ArbZG)	lt. § 16 ArbZG Abs. 1	☐
Bürgerliches Gesetzbuch (BGB)	§ 611–630	☐
Jugendarbeitsschutzgesetz (JArbSchG)	lt. § 47 aushangpflichtig mit Anschrift der zuständigen Aufsichtsbehörde, ab einem jugendlichen Beschäftigten	☐
Ladenschlussgesetz (LadSchlG)	lt. § 21 aushangpflichtig, innerhalb der Verkaufsstelle und ab einem Beschäftigten	☐
Mutterschutzgesetz (MuSchG)	lt. § 26 aushangpflichtig, wenn mehr als drei Frauen beschäftigt sind	☐

Weitere wichtige branchenunabhängige Gesetze

Gesetze und Verordnungen	Anmerkungen zur Aushangpflicht	
Heimarbeitsgesetz (HAG)		☐
Unfallverhütungsvorschrift (UVV)	lt. §§ 15, 138 SGB VII; § 12 DGUV Vorschrift 1	☐
Wahlordnung (WO)		☐
Wahlordnung Schwerbehindertenvertretungen (SchwbVV)		☐

Betriebsvereinbarung	gemäß § 77 Abs. 2 BetrVG	☐
Tarifvertrag	lt. § 8 TVG, bei tarifgebundenen Arbeitgebern oder bei Allgemeinverbindlichkeit des Tarifvertrags alle betroffenen Arbeitgeber	☐

Gesetze und Verordnungen zum Arbeits- und Gesundheitsschutz

Gesetze und Verordnungen	Anmerkungen zur Aushangpflicht	
Arbeitsschutzvorschriften	je nach Branche, beispielsweise • Arbeitsstättenverordnung, • Betriebssicherheitsverordnung, • Biostoffverordnung, • Fahrpersonalgesetz, • Gefahrstoffverordnung, • PSA-Benutzungsverordnung, • Strahlenschutzverordnung.	 ☐ ☐ ☐ ☐ ☐ ☐ ☐
Arbeitsmedizinische Vorsorgeverordnung (ArbMedVV)		☐
Arbeitsschutzgesetz (ArbSchG)		☐
Arbeitsstättenverordnung (ArbStättV)		☐
Arbeitssicherheitsgesetz (ASiG)		☐
Baustellenverordnung (BaustellV)		☐
Betriebssicherheitsverordnung (BetrSichV)		☐
Biostoffverordnung (BioStoffV)	lt. § 12 Abs. 1	☐
Fahrpersonalgesetz (FPersG)		☐
Gefahrstoffverordnung (GefStoffV)	Lt. §§ 7 Abs. 8, 14 Abs. 1 GefStoffV hat der Arbeitgeber ein Verzeichnis der im Betrieb verwendeten Gefahrstoffe zu führen, in dem auf die entsprechenden Sicherheitsdatenblätter verwiesen wird. Unterrichtungs- und Unterweisungspflicht durch Betriebsanweisungen	☐
Gendiagnostikgesetz (GenDG)		☐
Infektionsschutzgesetz (IfSG)		☐
Lastenhandhabungsverordnung (LasthandhabV)		☐
PSA-Benutzungsverordnung (PSA-BV)		☐
Strahlenschutzgesetz (StrlSchG)		☐
Strahlenschutzverordnung (StrSchV)	lt. § 35 StrlSchV, wenn regelmäßig mindestens eine Person beschäftigt oder unter der Aufsicht eines anderen tätig ist	☐

Gesetze und Verordnungen, die Arbeitnehmer betreffen

Gesetze und Verordnungen	Anmerkungen zur Aushangpflicht	
Betriebsverfassungsgesetz (BetrVG) – Auszug	Betriebe mit betrieblicher Interessenvertretung	☐
Bundeselterngeld- und Elternzeitgesetz (BEEG)		☐
Bundesdatenschutzgesetz (BDSG) – Auszug		☐
Bundesurlaubsgesetz (BUrlG)		☐
Datenschutz-Grundverordnung (DSGVO) – Auszug		☐
Entgeltfortzahlungsgesetz (EFZG)		☐
Familienpflegezeitgesetz (FPfZG)		☐
Geschäftsgeheimnisgesetz (GeschGehG)		☐
Kinderarbeitsschutzverordnung (KindArbSchV)		☐
Kündigungsschutzgesetz (KSchG)		☐
Mindestlohngesetz (MiLoG)		☐
Nachweisgesetz (NachwG)		☐
Pflegezeitgesetz (PflegeZG)		☐
Sonn- und Feiertagsverkaufsverordnung (SonnVerkV)		☐
Sozialgesetzbuch Neuntes Buch (SGB IX) – Auszug	Vorschriften zur Rehabilitation und Teilhabe von Menschen mit Behinderung	☐
Teilzeit- und Befristungsgesetz (TzBfG)		☐
Vermögensbildungsgesetz (VermBG)		☐

ARBEITSSCHUTZ IN DER PRAXIS: BEGEHUNGEN

# Begehungen als zentrale Pflicht im Arbeitsschutz	Firma/Einrichtung und Stempel

Arbeitsschutz ist eine zentrale Verantwortung des Arbeitgebers. Begehungen gehören auch zu den gesetzlichen Pflichten von Betriebsärzten (§ 3 ASiG) und Sicherheitsfachkräften (§ 6 ASiG). Der Arbeitgeber ist verpflichtet, diese zu ermöglichen und sicherzustellen, dass sie regelmäßig durchgeführt werden.

Begehungen sind eng mit der Gefährdungsbeurteilung (GBU) verknüpft: Nur durch systematische Betrachtung und Nutzung von Arbeitsmitteln und Arbeitsstätten lassen sich Gefahren frühzeitig erkennen. Sie sind sowohl für die Erstellung als auch für die kontinuierliche Überprüfung der GBU essenziell und damit ein wesentliches Instrument. Daher müssen Begehungen in regelmäßigen Abständen sowie anlassbezogen – etwa nach Unfällen, rechtlichen Änderungen, neuen Arbeitsmitteln oder Umbauten – erfolgen. Sie sind zu dokumentieren und entsprechende Maßnahmen sind festzulegen.

Ziele und Themen

Das Ziel regelmäßiger Begehungen ist ein umfassendes und realistisches Bild von den tatsächlichen Arbeitsbedingungen im Betrieb. „Regelmäßig" wird im ASiG nicht weiter ausgeführt, damit ist die zeitliche Frage eine individuelle und sollte von den Gegebenheiten vor Ort abhängig gemacht werden.

Gesetzliche Anforderungen werden überprüft: Durch einen standardisierten Ablauf und systematisches Vorgehen werden potenzielle Gefährdungen erkannt, eliminiert und vermieden.

Dabei sind viele **Themen** und **Gefährdungsbereiche** von Bedeutung:

- Organisation des Arbeitsschutzes
- Organisation der Aufgabenübertragung
- Brandschutz
- bauliche Maßnahmen
- Arbeitsumgebung
- technische Gegebenheiten und Maßnahmen
- besondere Anlässe wie Mutterschutz oder Arbeitsunfall
- persönliche Schutzmaßnahmen
- Arbeitsstoffe
- mechanische Gefährdungen
- elektrische Gefährdungen
- chemische Gefährdungen
- biologische Gefährdungen
- Brand- und Explosionsgefährdungen
- thermische Gefährdungen (Hitze und Kälte)
- physikalische Gefährdungen (Lärm, Vibration, Strahlung)
- psychische Belastungen (Tätigkeitsinhalt, Arbeitsablauf)
- Gefährdungen durch Organisations-, Informations-, Kooperations- und Qualifikationsmangel

Betriebliche Begehungen

Voraussetzung: Fachkräfte für Arbeitssicherheit und Betriebsärzte

In Überblick zu Gesetzen und Regelungen sind zahlreiche Verpflichtungen genannt, die auch im Zuge einer Begehung geprüft werden sollten. Ohne einen verantwortlichen Betriebsarzt kann keine vollständige Kontrolle vorgenommen werden. Nur wenn die Verantwortung und die Übertragungen der Verantwortung klar definiert sind, ist ein effektiver Arbeitsschutz möglich.

Des Weiteren hat der Arbeitgeber dafür zu sorgen, dass sowohl intern als auch extern bestellte Fachkräfte für Arbeitssicherheit ihre Aufgaben exakt und ordnungsgemäß erfüllen. Dabei hat der Arbeitgeber entsprechend zu unterstützen.

Die Aufgabenfelder sowie Details zur Bestellung und dem Aufwand finden Sie im Detail auf den nächsten Seiten.

Der Unternehmer hat die bestellten Betriebsärzte und Fachkräfte für Arbeitssicherheit zu verpflichten, über die Erfüllung der übertragenen Aufgaben regelmäßig schriftlich zu berichten. Vor allem nach Begehungen sind Berichte anzufertigen und entsprechende Maßnahmen für die Gefährdungsbeurteilung (GBU) abzuleiten.

Ablauf einer Begehung

Begehungen sind im Ablauf den individuellen Begebenheiten anzupassen. In der Regel gibt es festgelegte Prüfungsintervalle durch den Arbeitgeber. Folgende Schritte dienen der Vorbereitung und einer effizienten Durchführung:

1. **Erörtern der betrieblichen Begehungsbereiche**
   - Wie viele Bereiche sind zu begehen?
   - Wo befinden sich die Bereiche?
   - Wie groß sind diese Bereiche?
   - Sind alle Bereiche in der GBU (Gefährdungsbeurteilung) enthalten?

Eine Begehung sollte idealerweise nicht länger als 2 Stunden dauern, um Konzentration und Effizienz zu gewährleisten. Zudem können zeitintensive Begehungen zu Unaufmerksamkeit, geringerer Motivation und weniger offenen Gesprächen mit Beschäftigten führen.

2. Begehungsart

- Handelt es sich um eine Erstbegehung, eine routinemäßige Folgebegehung oder eine Sonderbegehung?
- Gibt es ein Protokoll der letzten Begehung(en)?
- Wurden Maßnahmen festgelegt?
- Wurden die Maßnahmen umgesetzt?

3. Festlegen der Teilnehmer

Teilnehmer sollten je nach Betrieb und Begehungsziel folgende Personen umfassen:

- Arbeitgeber und/oder Führungskraft des betreffenden Bereichs
- Fachkraft für Arbeitssicherheit (§ 6 ASiG)
- Betriebsarzt (§ 3 ASiG)
- Betriebsrat, Personalrat (§ 89 BetrVG)
- Falls erforderlich: Fachkräfte für spezielle Bereiche (z. B. Gefahrstoffe, Strahlenschutz)

4. Organisation

- Rechtzeitige Einladung mit ausreichendem Vorlauf
- Einholen von Teilnahmebestätigungen

5. Notwendige Hilfsmittel

- Dokumentation: Tablet, Notizblock, Stifte, Kamera sowie relevante Unterlagen (z. B. Dokumentenmappe)
- Auszug Gefährdungsbeurteilung (GBU), ggf. Online-Zugriff
- Maßnahme-Protokolle der letzten Begehung
- Messgeräte: z. B. Schallpegelmesser, Luxmeter, Maßstab
- Kalibrierung und Prüfung von Messgeräten vor der Begehung sicherstellen

Die Dokumentation sollte präzise und strukturiert sein:

- Fotos vermeiden lange Beschreibungen.
- Vorlagen helfen bei einer einheitlichen Erfassung von Mängeln und Maßnahmen.

6. Vorbildfunktion der Begehungsteilnehmer

Selbstverständlich sollten sich alle Teilnehmer an die geltenden Schutzmaßnahmen halten.

- Persönliche Schutzausrüstung (PSA) ist – wenn erforderlich – konsequent zu tragen.
- Einhaltung von Schutzmaßnahmen demonstriert Verantwortungsbewusstsein und stärkt die Sicherheitskultur im Betrieb.

Anlassunabhängige Begehung

Durch regelmäßige „anlassunabhängige" Begehungen der Arbeitsstätten können sich die Fachkraft für Arbeitssicherheit und der Betriebsarzt ein regelmäßiges **umfassendes Bild vom Arbeits- und Gesundheitsschutz** machen. Gefahren und Gefährdungen können dadurch rechtzeitig erkannt und minimiert werden.

Eine regelmäßige Begehung ist immer unabhängig, unumgänglich und Voraussetzung, um Arbeitgeber und Arbeitnehmer fundiert beraten zu können.

Anlassbezogene Begehungen

Untersuchung von Arbeitsunfällen

Wenn sich in einem Betrieb ein oder mehrere Unfälle ereignen, sind Untersuchungen erforderlich. Die Unfallursache muss gefunden werden, damit geeignete Schutzmaßnahmen getroffen werden können. Möglicherweise waren die getroffenen Schutzmaßnahmen, die sich aus der Gefährdungsbeurteilung ergeben haben, nicht wirksam. Neben den genannten Beteiligten sind bei Unfalluntersuchungen in der Regel auch Vertreter des jeweiligen Unfallversicherungsträgers oder ein Mitarbeiter der Gewerbeaufsicht anwesend. Auch die Staatsanwaltschaft kann Fragen stellen, die sich dann auf die Pflichten des Arbeitgebers beziehen.

Auch Beinaheunfälle machen eine Begehung notwendig.

Anpassung oder Umgestaltung von Arbeitsplätzen

Auch wenn ein Arbeitsplatz umgestaltet werden soll (neue Arbeitsverfahren, neue Arbeitsgeräte etc.) oder individuell an Bedürfnisse von Mitarbeitern angepasst werden muss (z. B. als Rehamaßnahme für Menschen mit körperlichen Beeinträchtigungen, Integration von Hilfsmitteln etc.), ist eine Begehung notwendig. Ggf. sind weitere Beteiligte hinzuzuziehen, wie z. B. Schwerbehindertenbeauftragte.

Überprüfung auf Gefährdungen von werdenden oder stillenden Müttern

Werden werdende oder stillende Mütter beschäftigt, sind mögliche Gefährdungen zu ermitteln. Dabei sind Bereiche wie physikalische Gefährdungen, Gefahrstoffe oder auch die Arbeitsumgebung zu berücksichtigen. Es ist sowohl eine anlassabhängige als auch eine anlassunabhängige Gefährdungsbeurteilung zu erstellen. Die Vorgaben sind dem Mutterschutzgesetz zu entnehmen. Die anlassunabhängige Gefährdungsbeurteilung ist auch dann vorzunehmen, wenn keine Frauen beschäftigt sind – mit Blick auf die Zukunft. Das Ziel ist sowohl die Sicherheit der Personen als auch das Fortführen der Berufstätigkeit.

Anpassung nach neuer Gesetzeslage

Änderungen im Gesetzeswerk resultieren meist aus neuen Erkenntnissen. Beispiel: Ein Zusammenhang zwischen Arbeitsplatz und psychischen Belastungen ist längst bekannt. Ende 2013 wurde die Beurteilung der Arbeitsplätze auf psychische Gefährdungen dann bindend im Arbeitsschutzgesetz gefordert. Aus „kann" wurde „muss". Auch dabei kann eine Begehung hilfreich sein. Einige Änderungen ermöglichen einen Übergangszeitraum, um die notwendigen Änderungen vorzunehmen, andere nicht. Hinweis: Auch Lärm jeder Art schlägt sich auf das seelische Befinden nieder. Die Schallquelle selbst lässt sich bei einer Begehung wunderbar lokalisieren.

Fehlende Akzeptanz von Sicherheitsmaßnahmen

Begehungen sind nicht nur in klaren Situationen wie Unfällen oder Neuerungen erforderlich, sondern auch bei unzureichender Umsetzung. Wenn vermehrt Diskussionen über die Notwendigkeit der Regeln oder den häufigen Verzicht der Mitarbeiter auf die erforderlichen Maßnahmen geführt werden, ist ein Eingreifen notwendig. Dies kann in Form einer Unterweisung oder einer Begehung erfolgen, die stets auch im Gespräch mit den Mitarbeitern stattfindet.

Themenbezogene Begehungen

Eine Begehung ist auch dann möglich, um verschiedene Themenbereiche abzudecken, wie Brandschutz oder Erste-Hilfe-Maßnahmen.

Betriebsbesichtigungen

Besichtigungen können von verschiedenen Behörden ausgehen. Dabei handelt es sich um ein Instrument der Überwachung, aber auch der Beratung. Ziel ist nicht nur die Kontrolle, sondern v. a. die Durch- und Umsetzung präventiver und wirksamer Maßnahmen. Darüber hinaus gilt auch hier die Vorbildfunktion: Zuständige Behörden oder auch Versicherungsträger gehen mit Beispiel voran: Eine Kultur der Prävention ist zu etablieren. Beispiel ist die globale Vision Zero-Kampagne.

Mögliche Beteiligte sind Unfallversicherungsträger und die Aufsichtsbehörden der Bundesländer:

- Unfallversicherungsträger (Berufsgenossenschaften)
- Unfallkasse
- Gewerbeaufsichtsamt
- Gesundheitsamt
- Stadt
- Landesamt für Arbeitsschutz, Umweltschutz

Betriebskontrollen

Staatliche Aufsichtsbehörden unterliegen einer **Kontrollpflicht** (§ 21 Absatz 1 ArbSchG). Die Ministerien übertragen die Aufgaben an nachfolgende Behörden wie das Amt für Arbeitsschutz oder das Gewerbeaufsichtsamt. Werden Mängel erkannt, wird die zuständige Behörde eine Umsetzung fordern, dies kann mit verschiedenen Mitteln durchgesetzt werden wie Bescheide oder Sanktionen. Auch eine Stilllegung der Arbeitsmittel bzw. Arbeitsstätte ist möglich.

Das Recht bzw. die Pflicht der Kontrolle haben auch die Unfallversicherungsträger (§ 3 DGUV Vorschrift 1). Der gesetzliche Auftrag der Unfallversicherung kommt aus dem Sozialgesetzbuch VII (Arbeitsunfälle, Berufskrankheiten und arbeitsbedingte Gesundheitsgefahren sind mit allen geeigneten Mitteln zu verhindern). Zwischen Landesbehörden und Unfallversicherungsträgern finden **Austausch und Zusammenarbeit** statt.

Unfallversicherungsträger, Gewerbeaufsichtsämter, Gesundheitsämter, Landesämter können **mit oder ohne Ankündigung** in das Unternehmen kommen!

Im Zuge der Kontrolle kann der Betrieb betreten und besichtigt werden. Darüber hinaus besteht eine Informationspflicht des Unternehmers, d. h., es müssen gewünschte Auskünfte erteilt bzw. Einsicht in entsprechende Unterlagen gegeben werden. Ebenso ist es möglich, dass z. B. Proben oder Messungen vorgenommen werden.

Bestellung und Beauftragung Betriebsarzt und Sifa

Firma/Einrichtung und Stempel

Bestellung und Betreuungsaufwand der Fachkräfte und Betriebsärzte

Die Bestellung von **Fachkräften für Arbeitssicherheit** (Sifa) ist in § 5 Arbeitssicherheitsgesetz (ASiG) geregelt:

(1) Der Arbeitgeber hat Fachkräfte für Arbeitssicherheit (Sicherheitsingenieure, -techniker, -meister) schriftlich zu bestellen und ihnen die in § 6 genannten Aufgaben zu übertragen, soweit dies erforderlich ist im Hinblick auf

1. *die Betriebsart und die damit für die Arbeitnehmer verbundenen Unfall- und Gesundheitsgefahren,*
2. *die Zahl der beschäftigten Arbeitnehmer und die Zusammensetzung der Arbeitnehmerschaft,*
3. *die Betriebsorganisation, insbesondere im Hinblick auf die Zahl und Art der für den Arbeitsschutz und die Unfallverhütung verantwortlichen Personen,*
4. *die Kenntnisse und die Schulung des Arbeitgebers oder der nach § 13 Abs. 1 Nr. 1, 2 oder 3 des Arbeitsschutzgesetzes verantwortlichen Personen in Fragen des Arbeitsschutzes*

Des Weiteren hat der Arbeitgeber dafür zu sorgen, dass sowohl intern als auch extern bestellte Fachkräfte für Arbeitssicherheit ihre Aufgaben exakt und ordnungsgemäß erfüllen. Dabei hat der Arbeitgeber entsprechend **zu unterstützen**.

(2) Der Arbeitgeber hat dafür zu sorgen, dass die von ihm bestellten Fachkräfte für Arbeitssicherheit ihre Aufgaben erfüllen. Er hat sie bei der Erfüllung ihrer Aufgaben zu unterstützen; insbesondere ist er verpflichtet, ihnen, soweit dies zur Erfüllung ihrer Aufgaben erforderlich ist, Hilfspersonal sowie Räume, Einrichtungen, Geräte und Mittel zur Verfügung zu stellen. Er hat sie über den Einsatz von Personen zu unterrichten, die mit einem befristeten Arbeitsvertrag beschäftigt oder ihm zur Arbeitsleistung überlassen sind.

Die Berufsgenossenschaften legen mit der DGUV Vorschrift 2 **„Betriebsärzte und Fachkräfte für Arbeitssicherheit"** entsprechend § 14 ASiG konkrete Ausführungsregelungen fest. In § 2 der DGUV 2 ist Folgendes festgehalten:

(1) Der Unternehmer hat Betriebsärzte und Fachkräfte für Arbeitssicherheit zur Wahrnehmung der in den §§ 3 und 6 des Arbeitssicherheitsgesetzes bezeichneten Aufgaben schriftlich nach Maßgabe der nachfolgenden Bestimmungen zu bestellen. Der Unternehmer hat dem Unfallversicherungsträger auf Verlangen nachzuweisen, wie er die Verpflichtung nach Satz 1 erfüllt hat.
(2) Bei Betrieben mit bis zu 20 Beschäftigten richtet sich der Umfang der betriebsärztlichen und sicherheitstechnischen Betreuung nach Anlage 1.
(3) Bei Betrieben mit mehr als 20 Beschäftigten gelten die Bestimmungen nach Anlage 2.
(4) Abweichend von den Absätzen 2 und 3 kann der Unternehmer nach Maßgabe von Anlage 3 bzw. Anlage 4 ein alternatives Betreuungsmodell wählen, wenn er aktiv in das Betriebsgeschehen eingebunden ist und die Zahl der Beschäftigten bis zu ... (Konkrete Regelungen des jeweiligen UVT einsetzen; Anlage 3: Obergrenze 50; Anlage 4: 20) ... beträgt.

Grundbetreuung gem. DGUV 2

Bei der Grundbetreuung gibt es drei Betreuungsgruppen, für die feste Einsatzzeiten als Summenwerte für Betriebsarzt und Fachkraft für Arbeitssicherheit gelten. Die Betriebe sind über ihre jeweilige Betriebsart den Betreuungsgruppen gemäß Abschnitt 4 zugeordnet.

Für die Grundbetreuung ist je nach Zuordnung in eine der drei Gruppen folgende Einsatzzeit in Stunden pro Beschäftigten und Jahr erforderlich:

	Gruppe I	**Gruppe II**	**Gruppe III**
Einsatzzeit (Std./Jahr pro Beschäftigten)	2,5	1,5	0,5

Bei der Aufteilung der Zeiten auf Betriebsärzte und Fachkräfte für Arbeitssicherheit ist ein Mindestanteil von 20 % der Grundbetreuung, jedoch nicht weniger als 0,2 Std./Jahr pro Beschäftigten für jeden Leistungserbringer anzusetzen.

Betriebsspezifischer Teil der Betreuung gem. DGUV 2

Die betriebsspezifische Betreuung wird vom Unternehmer selbst ermittelt. Dabei sind die nachfolgend aufgeführten Aufgabenfelder sowie Auslöse- und Aufwandskriterien zu berücksichtigen. Bei der Ermittlung der betriebsspezifischen Betreuung werden vom Unternehmer alle Aufgabenfelder hinsichtlich ihrer Relevanz für die betriebsärztliche und sicherheitstechnische Betreuung regelmäßig, insbesondere nach wesentlichen Änderungen, geprüft.

Die Aufgabenfelder sind:

1. Regelmäßig vorliegende betriebsspezifische Unfall- und Gesundheitsgefahren
1.1 Besondere Tätigkeiten
1.2 Arbeitsplätze und Arbeitsstätten, die besondere Risiken aufweisen
1.3 Arbeitsaufgaben und Arbeitsorganisation mit besonderen Risiken
1.4 Erfordernis arbeitsmedizinischer Vorsorge
1.5 Erfordernis besonderer betriebsspezifischer Anforderungen beim Personaleinsatz
1.6 Sicherheit und Gesundheit unter den Bedingungen des demografischen Wandels
1.7 Arbeitsgestaltung zur Vermeidung arbeitsbedingter Gesundheitsgefahren
1.8 Unterstützung bei der Weiterentwicklung eines Gesundheitsmanagements

2. Betriebliche Veränderungen in den Arbeitsbedingungen und in der Organisation
2.1 Beschaffung von grundlegend neuartigen Maschinen, Geräten
2.2 Grundlegende Veränderungen zur Errichtung neuer Arbeitsplätze bzw. der Arbeitsplatzausstattung; Planung, Neuerrichtung von Betriebsanlagen; Umbau, Neubaumaßnahmen
2.3 Einführung völlig neuer Stoffe, Materialien
2.4 Grundlegende Veränderung betrieblicher Abläufe und Prozesse; grundlegende Veränderung der Arbeitszeitgestaltung; Einführung neuer Arbeitsverfahren
2.5 Spezifische Erfordernisse zur Schaffung einer geeigneten Organisation, Aufbau Gesamtkonzept Gefährdungsbeurteilung

3. Externe Entwicklung mit spezifischem Einfluss auf die betriebliche Situation
3.1 Neue Vorschriften, die für den Betrieb umfangreiche Änderungen nach sich ziehen
3.2 Weiterentwicklung des für den Betrieb relevanten Stands der Technik und Arbeitsmedizin

4. Betriebliche Aktionen, Programme und Maßnahmen
4.1 Schwerpunktprogramme, Kampagnen sowie Unterstützung von Aktionen zur Gesundheitsförderung

Zuordnung der Betriebsarten zu den Betreuungsgruppen

Die Liste zur Zuordnung der Betriebsarten zu den Betreuungsgruppen aller Unfallversicherungsträger ist eine notwendige Grundlage für den Einsatz von Sifa und Betriebsarzt, diese finden Sie hier:

https://www.dguv.de/medien/inhalt/praevention/vorschriften_regeln/dguv-vorschrift_2/downloads/wz_liste.pdf

Regelmäßiger Bericht

Der Unternehmer hat die bestellten Betriebsärzte und Fachkräfte für Arbeitssicherheit zu verpflichten, über die Erfüllung der übertragenen Aufgaben regelmäßig **schriftlich zu berichten**. Vor allem nach Begehungen sind Berichte anzufertigen und entsprechende Maßnahmen für die Gefährdungsbeurteilung (GBU) abzuleiten.

Checkliste

5 Bausteine für einen gut organisierten Arbeitsschutz

Firma/Einrichtung und Stempel

Firma/Einrichtung: ______________________

Name des Prüfers: ______________________

Ort/Datum: ______________________, den, ____________

Nr.	Kriterien	Ja	Nein	Bemerkung
1. Baustein: Arbeitsschutz planen und organisieren				
Arbeitsschutz als Unternehmensziel deutlich machen				
1.	Für alle Mitarbeiter deutlich machen, was Ihr Unternehmenswille in Bezug auf Arbeitsschutz ist.	☐	☐	
2.	Ihren Mitarbeitern durch Einhaltung von Arbeitsschutzvorschriften und -maßnahmen ein Vorbild sein.	☐	☐	
3.	Ihre Mitarbeiter überzeugen, dass sicherheitsgerechtes und gesundheitsbewusstes Arbeiten nicht nur ihnen persönlich zugutekommt, sondern ebenso wie die Qualität der Arbeit zum Erfolg des Betriebs und damit zum Erfolg aller beiträgt.	☐	☐	
4.	Zur Verbesserung des Arbeitsschutzes mit Ihren Mitarbeitern messbare und erreichbare Ziele und zugehörige Maßnahmen erarbeiten.	☐	☐	
5.	Alle Ihre Mitarbeiter über die Ziele im Arbeitsschutz, beispielsweise in Gesprächen oder durch Aushang, informieren.	☐	☐	
6.	Sich persönlich regelmäßig von der Einhaltung des Arbeitsschutzes überzeugen.	☐	☐	
7.	Ihre Mitarbeiter bei Nichteinhaltung von Regeln sofort ansprechen, Nachlässigkeiten nicht akzeptieren, Sauberkeit und Ordnung durchsetzen.	☐	☐	
Erfüllung der Arbeitsschutzpflichten organisieren				
8.	Legen Sie fest, wer für welche Aufgaben des Arbeitsschutzes innerhalb Ihres Betriebs-/Verantwortungsbereichs verantwortlich ist. Deutlich machen, dass jeder Vorgesetzte in seinem Zuständigkeitsbereich auch für den Arbeitsschutz verantwortlich ist.	☐	☐	
9.	Aufgaben unter Angabe der übertragenen Pflichten, der Befugnisse, des Namens des Verpflichteten sowie der Unterschrift des Unternehmers und des Verpflichteten schriftlich übertragen, z. B. Arbeitsvertrag, gesonderte Übertragung von Unternehmerpflichten.	☐	☐	

Nr.	Kriterien	Ja	Nein	Bemerkung
10.	Ihre Mitarbeiter über ihre Pflichten im Arbeitsschutz informieren: • Vorschriften und innerbetriebliche Anweisungen einhalten • Maschinen, Geräte und sonstige Arbeitsmittel bestimmungsgemäß verwenden • Persönliche Schutzausrüstungen benutzen • Unternehmer, Vorgesetzte und deren Beauftragte in Bezug auf Arbeitsschutz unterstützen • Bei unmittelbar drohender Gefahr im Rahmen der eigenen Möglichkeiten tätig werden und unverzüglich den Vorgesetzten informieren • Gefährdungen und Mängel am Arbeitsplatz, die der Mitarbeiter nicht selber beseitigen kann, umgehend melden	☐ ☐ ☐ ☐ ☐ ☐	☐ ☐ ☐ ☐ ☐ ☐	
11.	Zusammenarbeit im Arbeitsschutz organisieren, z. B. in einem Arbeitsschutzausschuss. Fachkraft für Arbeitssicherheit, Sicherheitsbeauftragte, Betriebsarzt und ggf. Betriebsrat mit einbinden.	☐	☐	
Fachkraft für Arbeitssicherheit, Betriebsarzt und ggf. weitere Beauftragte einbinden				
12.	Fachkraft für Arbeitssicherheit und Betriebsarzt schriftlich bestellen oder externe Dienste vertraglich verpflichten. Wenn Sie ein kleiner Betrieb sind: Mit dem Unfallversicherungsträger abstimmen, ob zur sicherheitstechnischen und betriebsärztlichen Betreuung das alternative Betreuungsmodell angewendet werden kann.	☐	☐	
13.	Sich regelmäßig von der Umsetzung der sicherheitstechnischen und betriebsärztlichen Betreuung innerhalb Ihres Betriebs-/ Verantwortungsbereichs überzeugen.	☐	☐	
14.	Bei mehr als 20 Beschäftigten im Betrieb: Sicherheitsbeauftragten bestellen und einen Arbeitsschutzausschuss (ASA) bilden.	☐	☐	
15.	Prüfen, ob für Ihren Verantwortungsbereich weitere Beauftragte im Arbeitsschutz benannt werden müssen (z. B. Strahlenschutzbeauftragter, Laserschutzbeauftragter).	☐	☐	
2. Baustein: Risiken beurteilen und vermeiden				
Gefährdungsbeurteilung planen				
16.	Informationen Ihres Unfallversicherungsträgers anfordern (Gefährdungskataloge, Sicherheits-Checks, Prüflisten oder sonstige Arbeitshilfen).	☐	☐	
17.	Vorgehensweise bei der Gefährdungsbeurteilung festlegen, z. B. Zeitplan, Benennung geeigneter Personen für die Durchführung.	☐	☐	
18.	Anlässe für die Durchführung einer Gefährdungsbeurteilung erkennen, z. B.: • Erstbeurteilung bestehender bzw. neuer Arbeitsplätze • Einsatz neuer Maschinen, Geräte, Einrichtungen, Stoffe und Arbeitsverfahren • Wesentliche Änderungen von Arbeits- und Verkehrsbereichen, Tätigkeitsabläufen, Arbeitsorganisation • Unfälle, Beinahe-Unfälle, Berufskrankheiten • Erkrankungen, bei denen eine betrieblich bedingte Ursache vermutet werden kann	☐ ☐ ☐ ☐ ☐	☐ ☐ ☐ ☐ ☐	

Nr.	Kriterien	Ja	Nein	Bemerkung
Gefährdungsbeurteilung durchführen				
19.	Ihre Mitarbeiter, Fachkraft für Arbeitssicherheit, Sicherheitsbeauftragten und Betriebsarzt bei Durchführung der Gefährdungsbeurteilung einbeziehen.	☐	☐	
20.	Tätigkeiten und Einrichtungen erfassen, dabei auch Sonderfälle wie Störungsbeseitigung und Instandhaltung berücksichtigen.	☐	☐	
21.	Mögliche Gefährdungen innerhalb Ihres Betriebs-/Arbeitsbereichs anhand von Arbeitshilfen ermitteln.	☐	☐	
22.	Das Risiko der ermittelten Gefährdungen beurteilen, dabei prüfen, ob bereits getroffene Maßnahmen ausreichend sind.	☐	☐	
23.	Anhand der Gefährdungsbeurteilung über zu treffende Maßnahmen entscheiden. Hierfür gilt folgende Rangfolge: 1. Gefährdungen am Arbeitsplatz nach Möglichkeit von vornherein vermeiden oder durch geeignete technische Maßnahmen reduzieren 2. Organisatorische Maßnahmen festlegen, z. B. Unterweisungen, Sicherheitskennzeichnungen, erforderliche arbeitsmedizinische Vorsorge, Prüfung der Arbeitsmittel 3. Geeignete persönliche Schutzausrüstungen einsetzen, wenn keine andere Schutzmöglichkeit besteht	☐ ☐ ☐	☐ ☐ ☐	
24.	Kontrollieren, ob angeordnete Schutzmaßnahmen angewendet werden und wirksam sind.	☐	☐	
25.	Schriftliche Unterlagen über das Ergebnis der durchgeführten Gefährdungsbeurteilung erstellen, aus denen hervorgeht: • Gefährdungen und die festgelegten Maßnahmen • Ergebnis der Überprüfung auf Wirksamkeit der Schutzmaßnahmen • Zuständigkeit und Fristen	☐	☐	
3. Baustein: Mitarbeiter informieren und einbinden				
Eignung Ihrer Mitarbeiter				
26.	Für die Arbeitsaufgabe bestimmen, welche fachliche Qualifikation und ggf. besonderen Fähigkeiten Ihr Mitarbeiter haben muss.	☐	☐	
27.	Ihre Mitarbeiter schulen bzw. Qualifikation Ihrer Mitarbeiter nachweisen lassen.	☐	☐	
28.	Beschäftigungsbeschränkungen und -verbote beachten, z. B. für Jugendliche, Schwangere und stillende Mütter, insbesondere in Hinblick auf schwere körperliche Arbeiten, Umgang mit Gefahrstoffen und sensibilisierenden Stoffen.	☐	☐	
Durchführen von arbeitsmedizinischer Vorsorge				
29.	Tätigkeiten ermitteln, die eine arbeitsmedizinische Vorsorge Ihrer Mitarbeiter erfordern.	☐	☐	
30.	Kartei Ihrer Mitarbeiter anlegen, bei deren Tätigkeit arbeitsmedizinische Pflichtvorsorge vorgeschrieben ist.	☐	☐	

Nr.	Kriterien	Ja	Nein	Bemerkung
31.	Beauftragung eines Facharztes für Arbeitsmedizin oder eines Arztes mit der Zusatzbezeichnung „Betriebsmedizin“ zur Durchführung der arbeitsmedizinischen Vorsorge.	☐	☐	
32.	Einhaltung der Untersuchungsfristen sicherstellen.	☐	☐	
Ihre Mitarbeiter am Arbeitsplatz beteiligen				
33.	Nutzen Sie das Wissen Ihrer Mitarbeiter für den Arbeitsschutz, indem Sie diese bei der Lösung arbeitsschutzrelevanter betrieblicher Probleme beteiligen.	☐	☐	
34.	Ermutigen Sie Ihre Mitarbeiter, Verbesserungsvorschläge für den Arbeitsschutz zu machen. Sorgen Sie dafür, dass Ihre Mitarbeiter zeitnah eine Antwort bekommen.	☐	☐	
35.	Beteiligen Sie Ihre Mitarbeiter bei der Auswahl persönlicher Schutzausrüstungen.	☐	☐	
36.	Binden Sie Ihren Betriebsrat (sofern vorhanden) in die Angelegenheiten des Arbeitsschutzes ein, um seine Unterstützung zu erhalten und seine Informations- und Mitwirkungsrechte zu wahren.	☐	☐	
Ihre Mitarbeiter unterweisen				
37.	Führen Sie vor Aufnahme der Tätigkeit – auch bei Leiharbeitnehmern – eine Erstunterweisung durch.	☐	☐	
38.	Informieren Sie Ihre Mitarbeiter über deren Rechte im Arbeitsschutz: • Maßnahmen und Verbesserungen zum Arbeitsschutz vorschlagen • Beratung durch Fachkraft für Arbeitssicherheit und Betriebsarzt in Anspruch nehmen • sich in Abhängigkeit von der Gefährdung arbeitsmedizinisch untersuchen lassen • sich bei unmittelbarer und erheblicher Gefahr durch sofortiges Verlassen des Arbeitsplatzes in Sicherheit bringen • Weisungen, die dem Arbeitsschutz offensichtlich widersprechen, nicht befolgen • sich an den zuständigen Unfallversicherungsträger oder die Arbeitsschutzbehörden wenden, wenn der Arbeitsschutz nicht gewährleistet ist	 ☐ ☐ ☐ ☐ ☐ ☐	 ☐ ☐ ☐ ☐ ☐ ☐	
39.	Unterweisungen bei besonderen Anlässen durchführen. Dies sind beispielsweise: • geänderte Arbeitsaufgaben • Einsatz neuer Maschinen • erstmalige Verwendung von Gefahrstoffen • neue oder geänderte Arbeitsverfahren oder -abläufe • sicherheitswidriges Verhalten • Unfälle, Beinahe-Unfälle und Störungen	☐	☐	
40.	Wiederholen Sie die Unterweisung regelmäßig tätigkeitsbezogen, jedoch mindestens einmal im Jahr und dokumentieren Sie diese.	☐	☐	
Ihre Mitarbeiter weiterbilden				
41.	Ausbildungsbedarf ermitteln (z. B. neue Arbeitsabläufe oder Maschinen), dabei auch die Fähigkeiten und Eignung Ihrer Mitarbeiter berücksichtigen.	☐	☐	

Nr.	Kriterien	Ja	Nein	Bemerkung
42.	Regelmäßige Weiterbildung veranlassen (z. B. Ersthelfer, Sicherheitsbeauftragte).	☐	☐	
43.	Das Weiterbildungsangebot des Unfallversicherungsträgers, von Verbänden und privaten Anbietern nutzen.	☐	☐	
4. Baustein: in die Praxis umsetzen				
Informationen beschaffen und im Betrieb weitergeben				
44.	Ermitteln, welche Vorschriften und Regeln für Sicherheit und Gesundheitsschutz von Bedeutung sind. Hierbei kann Sie die Fachkraft für Arbeitssicherheit/der Betriebsarzt beraten. Auch Ihr Unfallversicherungsträger, Ihre staatliche Arbeitsschutzbehörde, Handwerkskammer, IHK, Berufs- und Fachverband können helfen.	☐	☐	
45.	Diese Vorschriften verfügbar halten und für ständige Aktualisierung sorgen.	☐	☐	
46.	Arbeitsschutzvorschriften und -regeln sowie sonstige Erkenntnisse betriebsbezogen auswerten und, soweit erforderlich, in Betriebsanweisungen umsetzen.	☐	☐	
Arbeitsschutz bei Einkauf und Auftragsvergabe berücksichtigen				
47.	Bei der Beschaffung von Maschinen und Geräten die Belange des Arbeitsschutzes berücksichtigen. Arbeitsmittel müssen für den Einsatz und die Umgebungsbedingungen geeignet sein, gegebenenfalls sich fachkundig beraten lassen. Geprüfte Arbeitsmittel beschaffen.	☐	☐	
48.	Bei der Beschaffung prüfen, ob die Produkte oder Arbeitsstoffe Gefahrstoffe enthalten. Wenn Gefahrstoffe enthalten sind, prüfen, ob weniger gefährliche oder ungefährliche Ersatzstoffe auf dem Markt sind.	☐	☐	
49.	Vor der Beauftragung von Fremdfirmen darauf achten, dass diese die Voraussetzungen für eine sichere und gesundheitsgerechte Leistungserbringung erfüllen (z. B. sichere Maschinen, niedrige Unfallquote, Erfahrungswerte von früheren Einsätzen).	☐	☐	
Arbeitsschutz beim Einsatz von Fremdfirmen gewährleisten oder Einsatz in anderen Firmen				
50.	Sofern Sie in Ihrem Verantwortungsbereich mit Fremdfirmen zusammenarbeiten, gemeinsam mit dem anderen Unternehmer vor Arbeitsbeginn abstimmen: • welche Arbeiten durchzuführen sind • welche Schutzmaßnahmen zu treffen sind • ob die Fremdfirmenmitarbeiter über die speziellen Gefahren in der Arbeitsstätte unterwiesen werden • ob gegenseitige Gefährdung von Fremdfirmenmitarbeitern und eigenen Mitarbeitern möglich ist.	☐ ☐ ☐ ☐	☐ ☐ ☐ ☐	
51.	Bei möglicher gegenseitiger Gefährdung eine Person bestimmen, die die Arbeiten aufeinander abstimmt und die notwendigen Weisungen erteilt (Koordinator).	☐	☐	

Nr.	Kriterien	Ja	Nein	Bemerkung
52.	Fremdfirmenmitarbeiter auf sichere Durchführung der Arbeiten überwachen.	☐	☐	
53.	Beim Einsatz eigener Mitarbeiter in anderen Unternehmen obige Punkte mit dem Auftraggeber besprechen.	☐	☐	
Betriebsanweisungen und erlaubnispflichtige Arbeiten				
54.	Ermitteln, für welche Arbeiten eine schriftliche Betriebsanweisung gefordert oder sinnvoll ist (z. B. auf Basis der Gefährdungsbeurteilung).	☐	☐	
55.	In Betriebsanweisungen folgende Angaben aufnehmen: • Gefahren, die von Arbeitsmitteln oder -stoffen ausgehen oder bei bestimmten Tätigkeiten entstehen können • Schutzmaßnahmen und Verhaltensregeln zur Vermeidung der Gefahren • Instandhaltung und Entsorgung • Verhalten bei Störungen und Unfällen • Erste Hilfe Dabei Betriebsanleitungen, Angaben aus Sicherheitsdatenblättern, Erfahrungen der Mitarbeiter sowie Erkenntnisse aus Unfällen und Zwischenfällen berücksichtigen.	☐ ☐ ☐ ☐ ☐	☐ ☐ ☐ ☐ ☐	
56.	Ermitteln, welche Arbeiten einer schriftlichen Erlaubnis bedürfen, z. B. Schweißerarbeiten bei Brand- und Explosionsgefahr. In der schriftlichen Arbeitserlaubnis die Schutzmaßnahmen festlegen und die Durchführung überwachen.	☐	☐	
Persönliche Schutzausrüstung				
57.	Beim Einsatz von persönlicher Schutzausrüstung müssen Sie Folgendes beachten: • Ermitteln, welche persönliche Schutzausrüstung geeignet und erforderlich ist; bei der Eignung nicht nur die Schutzwirkung, sondern auch ergonomische Belange berücksichtigen • Ihre Mitarbeiter an der Auswahl und Erprobung der Schutzausrüstungen beteiligen • Regelmäßige Wartung und Austausch persönlicher Schutzausrüstungen bei Bedarf sicherstellen	☐ ☐ ☐	☐ ☐ ☐	
58.	Kontrollieren, ob die zur Verfügung gestellten persönlichen Schutzausrüstungen von Ihren Mitarbeitern vorschriftsgemäß benutzt werden.	☐	☐	
Vorsorge für den Notfall				
59.	Alarmplan mit wichtigen Informationen erstellen, z. B.: • Anweisungen für Verhalten in Notfällen • Notruf- und andere wichtige Telefonnummern gut sichtbar aushängen	☐ ☐ ☐	☐ ☐ ☐	
60.	Fluchtwege und Notausgänge • festlegen und deutlich kennzeichnen • immer freihalten und nicht verschließen • regelmäßig kontrollieren oder kontrollieren lassen	☐ ☐ ☐	☐ ☐ ☐	

Nr.	Kriterien	Ja	Nein	Bemerkung
61.	Für die Erste Hilfe und Brandbekämpfung die vorgeschriebenen Hilfsmittel (Verbandkasten, Feuerlöscher und dergleichen) an leicht zugänglichen und allen Mitarbeitern bekannten Orten bereithalten. Aufbewahrungsorte kennzeichnen.	☐	☐	
62.	Ersthelfer in ausreichender Zahl benennen und für entsprechende Aus- und Weiterbildung sorgen.	☐	☐	
63.	Notfallplan bekannt machen und praktische Übungen durchführen (z. B. Räumungsübungen, Feuerlöschübungen).	☐	☐	
Wichtige Unterlagen aufbewahren				
64.	Unterlagen erstellen und sorgfältig aufbewahren. Hierzu zählen u. a.: • behördliche Genehmigungen und Erlaubnisse • Nachweis der sicherheitstechnischen und betriebsärztlichen Betreuung • Ergebnisse vom Unternehmer zu veranlassender arbeitsmedizinischer Vorsorge • Ergebnisse der Gefährdungsbeurteilung • Betriebsanweisungen • Gefahrstoffverzeichnis • Sicherheitsdatenblätter • Nachweis über Unterweisungen • Wartungs- und Prüfprotokolle • Unfallanzeigen	☐ ☐ ☐ ☐ ☐ ☐ ☐ ☐ ☐ ☐ ☐	☐ ☐ ☐ ☐ ☐ ☐ ☐ ☐ ☐ ☐ ☐	
Prüfung von Arbeitsmitteln und Einrichtungen				
65.	Liste der zu prüfenden Arbeitsmittel und Einrichtungen anlegen, z. B. elektrische Arbeitsmittel, Feuerlöscher. Dabei festlegen: Prüfung durch befähigte Person, Art der Prüfung und Prüffristen.	☐	☐	
66.	Durchgeführte Prüfungen dokumentieren, z. B. Prüfbücher und -plakette.	☐	☐	
5. Baustein: Beobachten und Verbessern				
Regelmäßige Kontrollen durchführen				
67.	Regelmäßige Sicherheitsbegehungen durchführen. Dabei achten auf: • Sicherheitsgerechtes Verhalten der Mitarbeiter • Einhaltung der Wirksamkeit der festgelegten Maßnahmen	☐ ☐ ☐	☐ ☐ ☐	
68.	Bei Überprüfungen nach Bedarf Fachkraft für Arbeitssicherheit, Sicherheitsbeauftragten und Betriebsarzt einbeziehen.	☐	☐	
Kommunikation und Informationsaustausch/kontinuierliche Verbesserung				
69.	Ihre Mitarbeiter ermutigen, aufgetretene Störungen, Mängel im Arbeitsschutz, vermutete Gefährdungen ihrer Gesundheit oder Beinahe-Unfälle sowie unsichere Situationen sofort zu melden und Fehler als Chance für Verbesserungen zu verstehen.	☐	☐	
70.	Sicherstellen, dass Sie als Vorgesetzter und Verantwortlicher von Problemen und Mängeln im Arbeitsschutz Kenntnis erhalten.	☐	☐	

Nr.	Kriterien	Ja	Nein	Bemerkung
71.	Die Ursachen für Probleme mit Unterstützung der betroffenen Mitarbeiter vor Ort besprechen.	☐	☐	
72.	Bewerten, ob der Arbeitsschutz ausreichend organisiert ist, z. B. mithilfe dieser Checkliste oder anderer Handlungshilfen, anhand der Gefährdungsbeurteilung, Ergebnis der Begehungen und Prüfungen, Bericht von Sicherheitsfachkraft und Betriebsarzt.	☐	☐	
73.	Bei Bedarf Verbesserungen veranlassen.	☐	☐	

Datum, Unterschrift des Prüfers ______________________________

Übersicht und Checkliste

Betriebsfremde Kontrollen

Firma/Einrichtung und Stempel

Betriebsfremde Kontrollen
Akteure
Betriebsfremde Kontrollen bzw. Begehungen finden von verschiedenen Akteuren mit teils unterschiedlichen Absichten statt. • Gewerbeaufsichtsämter der einzelnen Bundesländer (zuständig für die Einhaltung des Arbeitsschutzes) • Berufsgenossenschaften, Unfallversicherungsträger, Unfallkassen • Landesamt für Umwelt- und Arbeitsschutz (Aufsichtsperson des Landes) • Gesundheitsamt • Zollbehörde (überprüft Einhaltung Arbeitsrecht (Schwarzarbeit u. Ä.) sowie Mindestlohn und Arbeitszeiten)
Zeitpunkt

Planmäßige Kontrollen
Sie erfolgen sowohl angekündigt als auch unangekündigt in festgelegten regelmäßigen Abständen. Betriebe werden nach Branche und Tätigkeiten in verschiedene Kategorien eingeteilt. Liegen hohe spezifische Risiken oder mehrere einzelne Risiken, die gemeinsam das Potential erhöhen, vor, ist die Wahrscheinlichkeit einer Kontrolle höher. Auch die Anzahl der Beschäftigten sowie die individuelle Arbeitsschutzsituation (vergangene Unfälle, Berufskrankheiten etc.) werden berücksichtigt.
Das Artikelgesetz „Arbeitsschutzkontrollgesetz" (2021) legt eine Mindestbesichtigungsquote fest, die die Länder einzuhalten haben. Diese 5%-Quote gilt ab 2026. Maßnahmen (u. a. Begehungen) nach dem Arbeitsschutzkontrollgesetz werden von staatlichen Aufsichtsämtern und den jeweiligen Berufsgenossenschaften durchgeführt und überwacht.
 	
Bewertet werden folgende Kriterien:
• Arbeitsschutzorganisation
• Gefährdungsbeurteilung einschließlich
  ◦ der Ermittlung von Gefährdungen und Festlegung von Maßnahmen
  ◦ der Prüfung der Umsetzung der Maßnahmen und ihrer Wirksamkeit
  ◦ der Dokumentation der Gefährdungen und Maßnahmen
• Verwaltungshandeln in Form von Feststellungen, Anordnungen, Bußgelder
 	
Anlassbezogene Kontrollen
Sie erfolgen bei Bedarf nach den Umständen des Einzelfalls.
Anlass <u>kann</u> sein:
• schwere Unfälle
• Schadensfälle
• Mehrfachverstöße
• Berufskrankheiten oder arbeitsbedingte Erkrankungen
• Beschwerden
• Anzeigen, Anträge und Mitteilungen
 	
Tödliche und schwere Unfälle werden stets untersucht. Mindestens abgefragt wird die Systemkontrolle (siehe Checkliste). Darüber hinaus können weitere Bereiche betrachtet werden. Berechtigte Beschwerden werden geprüft.
 	
Stichprobenkontrollen
Unangekündigte Prüfungen können v. a. in risikoreichen Branchen jederzeit erfolgen.

Auf den kommenden Seiten finden Sie eine Liste der Kriterien, die mindestens abgefragt werden, insofern es sich um das Gewerbeaufsichtsamt oder auch die Unfallversicherungsträger handelt. Damit können Sie sich zügig auf eine solche Kontrolle vorbereiten.

Firma/Einrichtung:	______________________________
Name des Prüfers:	______________________________
Ort/Datum:	____________________ , den ____________

Folgende Dokumente sind vollständig vorhanden und vorbereitet …	
Aufgabenübertragung laut ArbSchG wie z. B. Betriebsleiter	☐
Schriftliche Bestellung(en) ☐ Fachkraft für Arbeitssicherheit ☐ Betriebsarzt/-ärztin ☐ Sicherheitsbeauftragte/-r ☐ Ersthelfer/-in ☐ Gefahrgutbeauftragte/-r ☐ Gefahrstoffbeauftragte/-r ☐ Gewässerschutzbeauftragte/-r ☐ Beauftragte/-r für die biologische Sicherheit ☐ Immissionsschutzbeauftragte/-r ☐ Strahlenschutzbeauftragte/-r ☐ Abfallbeauftragte/-r ☐ Datenschutzbeauftragte/-r ☐ Brandschutzbeauftragte/-r ☐ Explosionsschutzbeauftragte/-r ☐ Hygienebeauftragte/-r ☐ Laserschutzbeauftragte/-r ☐ Umweltmanagementbeauftragte/-r ☐ Störfallbeauftragte/-r	
Schriftliche Beauftragung (Kran, Gabelstapler etc.)	☐
Nachweis arbeitsmedizinischer Vorsorgeuntersuchungen	☐
Unterweisungsnachweise (sowohl Erst- als auch Folgeunterweisungen)	☐
Verzeichnisse von • Arbeitsmitteln • Betriebsmitteln	 ☐ ☐
Gefährdungsbeurteilung	☐
Betriebsanweisungen	☐
Nachweise zur Erste-Hilfe-Einrichtung, Verbandbücher	☐
Notfall-, Evakuierungsplan	☐
Prüfberichte • Brandschutz • Rettungseinrichtung • elektrische Anlagen und Betriebsmittel	 ☐ ☐ ☐
Gefahrstoffverzeichnis/Gefahrstoffkataster	☐
REACH-Merkblätter	☐
Explosionsschutzdokument	☐
Sicherheitsdatenblätter	☐
Verzeichnis notwendiger PSA	☐
Regelungen zum Einsatz von Mitarbeitern aus Fremdfirmen	☐

Verantwortung, Aufgabenübertragung	Ja	Nein	Maßnahmen bis wann/ von wem
Führungskräfte kennen ihre Arbeitsschutzpflichten	☐	☐	
Übertragene Arbeitgeberpflichten sind geregelt und schriftlich fixiert	☐	☐	
Klare Definitionen der Funktionen sind erfolgt	☐	☐	
Kompetenzregelung und Abstimmung der jeweiligen Aufgaben	☐	☐	
Dokumentation und Überprüfung geeigneter Verantwortungsträger	☐	☐	
Beauftragte nehmen ihre Aufgaben zeitlich entsprechend wahr	☐	☐	
Innerbetriebliche Regelungen klar definiert	☐	☐	
Außerbetriebliche Regelungen klar definiert	☐	☐	
Mitarbeiterpflichten und -rechte werden aktiv wahrgenommen	☐	☐	

Überprüfung der Einhaltung übertragener Pflichten	Ja	Nein	Maßnahmen bis wann/ von wem
Regelmäßige Aufgabenüberprüfung durch Arbeitgeber/Führungskräfte	☐	☐	
Korrekturmaßnahmen bei Nichterfüllung	☐	☐	
Einzuhaltende Grenzwerte werden regelmäßig überprüft	☐	☐	
Prüffristen werden systematisch überwacht	☐	☐	
Ordnungsgemäße Handhabung und Lagerung gefährlicher Arbeitsstoffe	☐	☐	
Zu Überwachung: Es existiert eine eindeutige Regelung, die definiert, wer wann, wo und auf welche Art und Weise die Einhaltung der übertragenen Aufgaben und Pflichten im Arbeitsschutz zu überwachen hat	☐	☐	

Betriebsarzt (BA)/Fachkraft für Arbeitssicherheit (Sifa)	Ja	Nein	Maßnahmen bis wann/ von wem
Schriftliche Bestellung liegt vor	☐	☐	
Fachkunde wurde geprüft und dokumentiert	☐	☐	
Regelmäßige Weiterbildungen finden statt und werden dokumentiert	☐	☐	
BA nimmt seine Aufgaben wahr	☐	☐	
BA arbeitet mit dem Betriebsrat zusammen	☐	☐	
Einsatzzeiten und Betreuungsanlässe werden eingehalten	☐	☐	
Berichte (zu Begehungen, Maßnahmen etc.) liegen vor	☐	☐	
Pflichtuntersuchungen werden veranlasst und Angebotsuntersuchungen werden regelmäßig angeboten	☐	☐	
Schriftliche Bestellung einer FaSi liegt vor	☐	☐	
Fachkunde und Anforderungen wurden geprüft und dokumentiert	☐	☐	
Regelmäßige Weiterbildungen finden statt und werden dokumentiert	☐	☐	
Sifa nimmt ihre Aufgaben wahr	☐	☐	
Sifa arbeitet mit Betriebsrat zusammen	☐	☐	
Berichte (zu Begehungen, Maßnahmen etc.) liegen vor	☐	☐	
Einsatzzeiten werden eingehalten	☐	☐	
Arbeitsschutzausschuss arbeitet regelmäßig (4 x pro Jahr)	☐	☐	
Organisationspflichten nach ASiG werden umgesetzt	☐	☐	

Qualifikationen	Ja	Nein	Maßnahmen bis wann/ von wem
Funktionsträger verfügen über rechtliches Grundlagenwissen	☐	☐	
Weisungsbefugnis erhalten nur Personen mit erforderlichem Wissen	☐	☐	
Notwendige Qualifikationen werden organisiert bzw. durchgeführt	☐	☐	
Beauftragte sind dazu befähigt, die entsprech. Aufgaben durchzuführen	☐	☐	
Schulungsbedarf wird regelmäßig ermittelt und durchgeführt	☐	☐	
Ermittlung und Durchführung regelmäßiger Weiterbildungen	☐	☐	

Gefährdungsbeurteilung	Ja	Nein	Maßnahmen bis wann/ von wem
Arbeitsbereiche und Tätigkeiten wurden vollständig einbezogen	☐	☐	
Besonderheiten wurden berücksichtigt (besondere Personengruppen, Betriebszustände, Tätigkeiten außerhalb der Betriebsstätte etc.)	☐	☐	
Gefährdungen wurden vollständig ermittelt	☐	☐	
Gefährdungen wurden beurteilt (vollständig, rechtzeitig und richtig)	☐	☐	
Schutzmaßnahmen wurden nach dem STOP-Prinzip* festgelegt	☐	☐	

Verantwortung, Aufgabenübertragung	Ja	Nein	Maßnahmen bis wann/ von wem
Wirksamkeit der Maßnahmen wird regelmäßig geprüft	☐	☐	
Die GBU wird in vollem Umfang dokumentiert und angepasst	☐	☐	
Zusammenarbeit zwischen verschiedenen Akteuren findet statt	☐	☐	
Zuständigkeiten, Vorgehensweisen, Auswertung der GBU sind geregelt	☐	☐	

Unterweisung	Ja	Nein	Maßnahmen bis wann/ von wem
Unterweisungen finden statt und werden dokumentiert	☐	☐	
Teilnahme jeder einzelnen Person wurde dokumentiert	☐	☐	
Organisation und Durchführung finden systematisch statt	☐	☐	
Qualität der Unterweisungen stimmt	☐	☐	
Inhaltliche Anpassung bei Veränderungen (betrieblich, technisch etc.)	☐	☐	
Zuständigkeiten und Vorgehensweise sind geregelt	☐	☐	
Planung und Ausführung sind geregelt	☐	☐	

Arbeitsmedizinische Vorsorge	Ja	Nein	Maßnahmen bis wann/ von wem
Arbeitsbereiche und Tätigkeiten wurden vollständig einbezogen	☐	☐	
Besonderheiten wurden berücksichtigt (besondere Personengruppen, Betriebszustände, Tätigkeiten außerhalb der Betriebsstätte …)	☐	☐	
Gefährdungen wurden vollständig ermittelt	☐	☐	
Gefährdungen wurden beurteilt (vollständig, rechtzeitig und richtig)	☐	☐	
Schutzmaßnahmen wurden nach dem STOP-Prinzip* festgelegt	☐	☐	
Wirksamkeit der Maßnahmen wird regelmäßig geprüft	☐	☐	
Die GBU wird in vollem Umfang dokumentiert und angepasst	☐	☐	
Zusammenarbeit zwischen verschiedenen Akteuren findet statt	☐	☐	
Zuständigkeiten, Vorgehensweisen, Auswertung der GBU sind geregelt	☐	☐	

Erste Hilfe und Notfallmaßnahmen	Ja	Nein	Maßnahmen bis wann/ von wem
Erst-Helfer wurden bestellt und erhalten regelmäßig Schulungen (Ab 20 Beschäftigten müssen mindestens 10 % ausgebildete Ersthelfer sein.)	☐	☐	
Brandschutzhelfer wurden bestellt und erhalten regelmäßig Schulungen	☐	☐	
Es werden regelmäßig Evakuierungsübungen abgehalten	☐	☐	
Es findet 1 x jährlich eine Brandverhütungsschau statt	☐	☐	
Es gibt eine Aufschaltung zur Feuerwache	☐	☐	
Mit dem DRK und der Feuerwehr werden Übungen vorbereitet	☐	☐	
Im Notfall sind alle Zuständigkeiten geregelt	☐	☐	

Besondere Beschäftigungsverhältnisse	Ja	Nein	Maßnahmen bis wann/ von wem
Kinder, Jugendliche, Ältere, Schwangere und Schwerbehinderte kennen die arbeitsschutzrechtlichen Vorgaben und Maßnahmen, da sie besonders schutzbedürftig sind	☐	☐	
Praktikanten, Teilzeitbeschäftigte, Abrufmitarbeiter kennen die arbeitsschutzrechtlichen Vorgaben und Maßnahmen	☐	☐	
Eine Zusammenarbeit wird vorausgesetzt. Angelegenheiten und Verantwortung im Arbeitsschutz werden klar im Vertrag definiert	☐	☐	
Arbeitnehmerüberlassung: Der Entleiher kümmert sich um alle arbeitsschutzrechtlichen Unterweisungen, PSA, Maßnahmen etc.	☐	☐	
Personen anderer Betriebe wird derselbe Schutz gewährleistet (PSA, arbeitsmedizinische Vorsorge etc.)	☐	☐	
Freie Mitarbeiter erhalten Unterweisung und kennen die Sicherheitsbestimmungen	☐	☐	

* Substitution: Prüfung, ob Gefahrstoffe durch weniger kritische Substanzen ersetzt werden können; Technische Schutzmaßnahmen: z. B. Kapselung von Maschinen, technische Lüftung, Absaugung; Organisatorische Maßnahmen: möglichst vollständige Beseitigung verbleibender Restgefährdungen (z. B. durch Unterweisung, Festlegung von Arbeitsverfahren mit geringer Gefährdung, Hautschutz nach Hautschutzplan, Arbeitsplatzrotation); Persönliche Maßnahmen: z. B. Schutzkleidung, Schutzbrille bei dann noch verbleibenden Gefährdungen.

Datum, Unterschrift des Prüfers ______________________________

BEGEHUNG: PLANUNG UND VORBEREITUNG

Checkliste

Vorbereitung Betriebsbegehung

Firma/Einrichtung und Stempel

Nr.	Inhalt	Erfüllt
1.	Datum, Uhrzeit festlegen	☐
2.	Art der Begehung festlegen • regelmäßig nach Terminplan • Untersuchung von Unfällen und Beinaheunfällen • Begleitung der zuständigen Aufsichtspersonen • besonderer Anlass, z. B. Maschinenabnahme, Kontrolle • Schwerpunktbegehungen	☐ ☐ ☐ ☐ ☐ ☐
3.	Zu begehende Bereiche festlegen	☐
4.	Teilnehmer festlegen • • • • • •	☐
5.	Einladungen versenden, Bestätigungsfrist festlegen	☐
6.	Teilnahme bestätigt • • • • • •	 ☐ ☐ ☐ ☐ ☐ ☐
7.	Notwendige Arbeitsmittel definieren und vorbereiten (Kalibrieren, Eichen etc.)	☐
8.	Notwendige Unterlagen vorbereiten (Checkliste, GBU, Berichte etc.)	☐
9.	Fotoapparat, Kamera, Tablet für Vor-Ort-Aufnahme	☐
10.	Verantwortung und Zuständigkeit prüfen	☐
11.	Dokumentation vergangener (Beinahe-)Unfälle im definierten Bereich festlegen	☐
12.	Überprüfen der Prüffristen von Anlagen, Maschinen und Geräten	☐
13.	Schutzbedürftige Personengruppen in diesem Arbeitsbereich vorhanden?	☐
14.	Fragen für Mitarbeitende notieren	☐

Übersicht

Wichtige wiederkehrende Termine (Prüffristen)

Firma/Einrichtung und Stempel

Prüfsituation	Grundlage	Frist/Intervall der Prüfung	Ausfrührende Person
Mitarbeiterunterweisungen	Nach ArbSchG und DGUV Vorschrift 1 (Unfallverhütungsvorschriften, Brandschutz, Erste Hilfe, Umgang mit elektrischen Anlagen und Betriebsmitteln)	Bei Einstellung, bei Veränderungen im Aufgabenbereich, bei Einführung neuer Technologien/Arbeitsmittel; regelmäßige Wiederholung, mindestens 1 x jährlich	Arbeitgeber/ Beauftragter
	Nach Gefahrstoffverordnung anhand entsprechender schriftlicher Betriebsanweisungen	Vor Aufnahme der Beschäftigung/ arbeitsplatzbezogen mindestens 1 x jährlich (§ 14 Abs. 2 GefStoffV)	Arbeitgeber/ Beauftragter
	Nach Arbeitsstättenverordnung	Bei Einstellung/bei Veränderungen im Aufgabenbereich, wesentlichen Veränderungen der Arbeitsorganisation, der Arbeits- und Fertigungsverfahren oder der Einrichtungen in der Arbeitsstätte; regelmäßige Wiederholung, mindestens 1 x jährlich (§ 6 Abs. 4 ArbStättV)	Arbeitgeber/ Beauftragter (§ 6 ArbStättV)
	Nach Bundesdatenschutzgesetz (Schutz personenbezogener Daten)	Bei Aufnahme der Tätigkeit mit Datenverarbeitung befasster Personen Verpflichtung auf das Datengeheimnis (§ 53 BDSG)	Datenschutzbeauftragter (§ 7 Abs. 1 BDSG)
	Nach Biostoffverordnung	Vor Aufnahme der Beschäftigung/danach arbeitsplatzbezogen mindestens 1 x jährlich (§ 14 Abs. 3 BioStoffV)	Fachkundige Person (§ 10 Abs. 2 BioStoffV)
	Nach Arbeitsschutzverordnung zu künstlicher optischer Strahlung	Vor Aufnahme der Beschäftigung/danach in regelmäßigen Abständen, mindestens 1 x jährlich, sofort bei wesentlichen Änderungen der gefährdenden Tätigkeit (§ 8 Abs. 1 OStrV)	Laserschutzbeauftragter (§ 5 OStrG)
	Nach Jugendarbeitsschutzgesetz für Jugendliche	Vor Beginn der Beschäftigung/bei wesentlicher Änderung der Arbeitsbedingungen im Aufgabenbereich, vor erstmaliger Beschäftigung an Maschinen oder gefährlichen Arbeitsstellen oder Arbeiten mit gesundheitsgefährdenden Stoffen, Unterweisung in angemessenen Zeitabständen; Wiederholunder Unterweisungen mindestens halbjährlich (§ 29 JArbSchG)	Arbeitgeber/ Beauftragter
	Nach Betriebssicherheitsverordnung	Vor erstmaliger Verwendung von Arbeitsmitteln; tätigkeitsbezogen, anhand der durch die Gefährdungsbeurteilung gewonnenen Informationen/Wiederholung in regelmäßigen Abständen; mindestens 1x jährlich (§ 12 BetrSichV)	Arbeitgeber/ Beauftragter
Vorsorgeuntersuchung (JArbSchG)	Erstuntersuchung	Jugendliche vor Arbeitsbeginn	Hausarzt oder Betriebsarzt
	Nachuntersuchung	Ein Jahr nach Arbeitsbeginn	
Arbeitsmedizinische Vorsorge (ArbMedVV)	Pflichtvorsorge, Angebotsvorsorge, Wunschvorsorge	Vor Aufnahme der Beschäftigung, in bestimmten Abständen bzw. bei Bedarf	Betriebsarzt
	Unfallmeldungen	Bei Verletzungen, bei mehr als drei Tagen Arbeitsunfähigkeit	Unternehmer

Prüfsituation	Grundlage	Frist/Intervall der Prüfung	Ausfrührende Person
Erste Hilfe (DGUV Vorschrift 1)	Verbandkasten/Notfallausrüstung auf Vollständigkeit prüfen	Regelmäßig, z. B. halbjährlich	Ersthelfer (§ 26 DGUV Vorschrift 1)
	Medikamente/Notfallmedikamente auf Verfalldatum prüfen		
Betriebssicherheitsverordnung (BetrSichV)	Prüfung vor Inbetriebnahme, **wenn Sicherheit von Montage abhängt**	Zu Beispielen, bei denen die Sicherheit von der Montage abhängt, siehe TRBS 1201 Anh. 1 Nr. 1; Prüfung erfolgt vor erstmaliger Verwendung gem. § 14 BetrSichV. Arbeitgeber entscheidet über Art, Umfang und Fristen (s. a. Anhang 3 BetrSichV)	Unternehmer
	Wiederkehrende Prüfungen, **bei schadensverursachenden Einflüssen**	Zu Beispielen für schadensverursachende Einflüsse siehe TRBS 1201 Anh. 1 Nr. 2; wiederkehrende Prüfungen sind nach § 16 BetrSichV basierend auf der Gefährdungsbeurteilung nach § 3 Abs. 6 BetrSichV festzulegen.	
	Besondere Prüfungen **nach Änderungen oder nach Schadensfällen**	Zu Beispielen für prüfpflichtige Änderungen und außergewöhnliche Ereignisse siehe TRBS 1201 Anh. 1 Nr. 3 und 4; § 15 Betr-SichV macht Vorgaben vor Wiederinbetriebnahme nach prüfpflichtigen Änderungen.	
	Prüfung besonderer Arbeitsmittel siehe Anhang 3 BetrSichV	Besondere Vorgaben sind bei Prüfungen von Anlagen in explosionsgefährdeten Bereichen zu beachten.	
Elektrische Anlagen und Betriebsmittel (§ 5 DGUV Vorschrift 3)	1. Ortsfeste elektrische Anlagen und Betriebsmittel (Tabelle 1A in DGUV Vorschrift 3 DA)	• Alle 4 Jahre • jedes Jahr in Betriebsstätten, Räumen und Anlagen besonderer Art • Kürzere Prüffristen bei Schutzmaßnahmen mit Fehlerstromschutzeinrichtungen	Örtliches Elektrounternehmen; Elektrofachkraft
	2. Ortsveränderliche elektrische Betriebsmittel (Tabelle 1B in DGUV Vorschrift 3 DA)	Richtwert alle 6 Monate; 3 Monate auf Baustelle Maximalwerte: 1 Jahr auf Baustellen, in Fertigungsstätten und Werkstätten; 2 Jahre in Büros	
	Messgeräte	Siehe Eichplakette (i. d. R. alle zwei Jahre)	Eichamt
Indirekteinleiterverordnung	Mitteilung der Indirekteinleitung (entfällt bei bereits genehmigten Anlagen)	Alle fünf Jahre bei Behälterwechsel	Unternehmer, Entsorgerfirma
	Entleerung des Abscheiders im Wartungsbuch dokumentieren	Jährlich	
	Funktionsprüfung der Anzeigeelemente	Jährlich und nach Reparaturen	
	Wartung des Abscheiders	Entsprechend den Wartungsvorschriften im Prüfbescheid	
	Prüfung des ordnungsgemäßen Zustandes des Abscheiders durch Sachkundigen	Alle 5 Jahre, Prüfprotokoll an Untere Wasserbehörde versenden	
Entsorgung von Abfällen	Sammlung getrennt nach Abfallarten	Nach eigenem Ermessen bzw. lt. Entsorgervertrag	Personal, Entsorgerfirma
	Nachweispflicht für besonders überwachungsbedürftige Abfälle beachten		

Übersicht

Notwendige Unterlagen

Firma/Einrichtung und Stempel

Unterlagen, die der Unternehmer als Verantwortlicher im Arbeitsschutz zu erstellen oder einzuholen hat, sind sorgfältig aufzubewahren. Hierzu zählen u. a.:

- behördliche Genehmigungen und Erlaubnisse,
- Beauftragungen (Nachweis) der sicherheitstechnischen und betriebsärztlichen Betreuung,
- Beauftragungen anderer Bereiche (Gefahrstoff, Strahlung, Abfall, Gewässer usw.),
- Pflichtenübertragung (Ergänzung zum Arbeitsvertrag) der beauftragten Personen,
- Bestellurkunden der beauftragten Personen,
- Ergebnisse vom Unternehmer zu arbeitsmedizinischen Pflicht-Untersuchungen,
- Gefährdungsbeurteilung,
- Maßnahmen und Ergebnisse der Gefährdungsbeurteilung,
- Maschinen-Überprüfungen – Anforderungen an Arbeitsmittel,
- Betriebsanweisungen,
- Brandschutzordnung (Alarmplan),
- Gefahrstoffverzeichnis/Gefahrstoffkataster,
- Sicherheitsdatenblätter,
- Erste-Hilfe-Nachweise – Auflistung Ersthelfer,
- Erste-Hilfe-Unterweisungsnachweise,
- Nachweis aller Unterweisungen,
- Prüfungen nach DGUV Grundsätzen,
- Fahrausweise Gabelstapler,
- Unterweisungsnachweis Gabelstapler,
- Erlaubnisscheine (z. B. Schweißerscheine, Tankbeschichtung, Arbeiten mit Zündquellen in Bereichen mit explosionsfähiger Atmosphäre, Arbeiten in Behältern und engen Räumen, in Silos, Ladungssicherung usw.),
- Arbeitnehmerüberlassungen,
- aushangpflichtige Gesetze.

Nachfolgend einige Beispiele:

Vorschrift	Notwendige Unterlagen
Arbeitsschutzgesetz (ArbSchG)	• Gefährdungsanalyse/Gefährdungsbeurteilung • Festlegung von Maßnahmen des Arbeitsschutzes • Ergebnis der Überprüfung der Wirksamkeit der Arbeitsschutzmaßnahmen • Dokumentation der Unterweisungen der Mitarbeiter
Verordnung zur arbeitsmedizinischen Vorsorge (ArbMedVV)	• Führung einer Vorsorgekartei • Aufbewahrung ärztlicher Ergebnisse der arbeitsmedizinischen Vorsorge • Maßnahmenkatalog nach arbeitsmedizinscher Vorsorge (tätigkeitsrelevant)
Jugendarbeitsschutzgesetz (JArbSchG)	• Bescheinigungen über ärztliche Untersuchungen gemäß §§ 32 bis 46 JArbSchG beschäftigter Jugendlicher auf ihren Gesundheits- und Entwicklungsstand
DGUV Vorschrift 1 „Grundsätze der Prävention“	• Gefährdungsbeurteilung und mitgeltende Dokumente • Verbandbuch/Aufzeichnungen über Erste-Hilfe-Leistungen nach Arbeitsunfällen • Unfallmeldungen • Nachweis über Sicherheitsunterweisungen
Betriebssicherheitsverordnung (BetrSichV)	• Betriebsanweisungen über den Umgang mit Arbeitsmitteln • Betriebsanweisungen zu Gefahrstoffen • Unterweisungen der Beschäftigten • Gefährdungsbeurteilungen • Herstellerbescheinigungen • Bescheinigungen über Abnahmeprüfung und regelmäßig wiederkehrende Prüfungen (je nach Klassifizierung) • Prüfberichte der zugelassenen Überwachungsstelle • Technische Unterlagen, z. B. Konformitätserklärung, Notfallplan
Arbeitsstättenverordnung (ArbStättV)	• Nachweis über die Unterrichtung und Unterweisung der Beschäftigten • Gefährdungsbeurteilungen • Brandschutzplan (Alarmplan) • Notfallplan

Elektrische Anlagen (z. B. DGUV Vorschrift 3)	• Bescheinigungen eines Elektroinstallateurs über ordnungsgemäßen Zustand elektrischer Anlagen • Beauftragungen zum Umgang mit elektrischen Anlagen • Prüfbuch/-protokolle
Überprüfung von Feuerlöschern	• Prüfberichte und -vermerke
Arbeitsschutzverordnung zu künstlicher optischer Strahlung (OStrV)	• Laserschutzbeauftragten bestellen oder eigene Fachkunde • Schriftliche Gefährdungsbeurteilung • Dokumentation der jährlichen Mitarbeiterbelehrung (bei Betrieb von Lasereinrichtungen Klasse 3B oder 4) • Nachweis sicherheitstechnischer Prüfungen • Gerätebuch
Gefahrstoffverordnung (GefStoffV)	• Gefahrstoffverzeichnis/Gefahrstoffkataster • Betriebsanweisungen über den Umgang mit gefährlichen Stoffen • Aufzeichnung über jährliche Mitarbeiterunterweisung • Ergebnisse der Messungen • Explosionsschutzdokumentation • Persönliche Schutzausrüstung
Kreislaufwirtschaftsgesetz (KrWG)	• Nachweise zur Entsorgung (Abfallnachweisbuch) • Bestellung eines Abfallbeauftragten inkl. Schulungsnachweise

Checkliste

Gefährdungsbeurteilung (GBU)

Firma/Einrichtung und Stempel

Firma/Einrichtung: ______________________

Name des Prüfers: ______________________

Ort/Datum: ______________________ , den ____________

Schritt	Bestandteile	Erledigt
	Prozessschritte der Gefährdungsbeurteilung 1. Vorbereiten 2. Ermitteln der Gefährdungen 3. Beurteilen der Gefährdungen 4. Festlegen erforderlicher Arbeitsschutzmaßnahmen 5. Durchführen der Maßnahmen 6. Überprüfen der Wirksamkeit der Maßnahmen 7. Dokumentieren der Ergebnisse 8. Fortschreiben der Gefährdungsbeurteilung	☐ ☐ ☐ ☐ ☐ ☐ ☐
1.	**Festlegen von Arbeitsbereichen und Tätigkeiten** Der erste Schritt einer GBU umfasst die Ermittlung der Arbeitsbereiche und Tätigkeiten. Dazu werden Abteilungen, Tätigkeiten und Arbeitsmittel identifiziert und vorhandene Dokumente berücksichtigt. Bereiche mit vergleichbaren Gefährdungen müssen nur einmal betrachtet werden. Die Betriebsbegehung ist ein wesentlicher Teil dieses Schrittes, nicht nur bezüglich der Örtlichkeiten, sondern auch der Beschäftigten. Eine Abstimmung mit allen Beteiligten sichert eine praxisnahe Einteilung.	☐
2.	**Ermitteln von Gefährdungsfaktoren und Belastungen** Systematische Ermittlung von Gefährdungsfaktoren (Gruppen von Gefährdungen) sowie deren Beurteilung und Identifizierung möglicher Belastungen (mechanische, elektrische, Gefahrstoffe, Brand- und Explosionsgefährdung, Biostoffe, thermische, physikalische, Arbeitsumgebungsbedingungen, physische, psychische und Arbeitszeitgestaltung). Begehung und Kommunikation mit den Mitarbeitenden sind unerlässlich.	☐
3.	**Beurteilen der Gefährdungen und Belastungen** Beurteilen der Gefährdungen und Belastungen mittels Gefährdungsmatrix.	☐
4.	**Festlegen geeigneter Maßnahmen des Arbeitsschutzes** Festlegung von Schutzmaßnahmen für die ermittelten Gefahren, folgend dem STOP-Prinzip (Substitution, Technische, Organisatorische und Persönliche Maßnahmen). Ziel ist es, die Arbeit so zu gestalten, dass eine Gefährdung für das Leben sowie die physische und die psychische Gesundheit möglichst vermieden wird, und evtl. verbleibende Gefährdungen gering zu halten (§ 4 Abs. 1 ArbSchG).	☐
5.	**Durchführen der Maßnahmen** Festlegen von Verantwortlichkeiten, Aufgabenverteilung und Terminplan.	☐
6.	**Überprüfen der Wirksamkeit der Maßnahmen** Überprüfen, ob die Maßnahmen den Ist-Zustand tatsächlich verändern. Notwendige Korrekturen vornehmen und ggf. ergänzen. Bei Nichtwirksamkeit: Handlungsschritte wiederholen.	☐
7.	**Dokumentieren** Schriftliche Dokumentation der Durchführung, der Ergebnisse und der Schlussfolgerungen.	☐
8.	**Fortschreiben der Gefährdungsbeurteilung – KVP** Veränderungen und Gefährdungen, die noch nicht beseitigt worden sind, werden fortgeschrieben.	☐

Datum, Unterschrift des Prüfers ______________________

Übersicht
Pflichtunterweisungen

Firma/Einrichtung und Stempel

Thematik	Vorschrift	Inhalte	betrifft
Allgemeiner Arbeitsschutz	Arbeitsschutzgesetz (ArbSchG) Unfallverhütungsvorschriften	Alle am Arbeitsplatz auftretenden Gefahren und Schutzmaßnahmen, sicherheitsgerechtes Verhalten, Unfallverhütungsvorschriften, Unfallprophylaxe, arbeitsmedizinische Vorsorge, Auswahl und Benutzung von Schutzkleidung	alle Arbeitnehmer
Datenschutz	Bundesdatenschutzgesetz (BDSG)	Datensicherheit (Speicherung, Veränderung, Weitergabe, Sperrung und Löschung von personenbezogenen Daten), Kontrollbereiche nach §§ 6–9, Datenschutzbeauftragter/Aufgaben des Datenschutzbeauftragten	alle Arbeitnehmer
Schweigepflicht	Strafgesetzbuch (StGB)	Schweigepflicht, betriebsinterne Informationen, ärztliche Schweigepflicht	alle Arbeitnehmer
Verhalten im Gefahr- und Brandfall	Arbeitsstättenverordnung, ASR A2.2	Maßnahmen gegen Brände, Verhalten im Gefahrenfall, Räum-Übungen gemäß Flucht- und Rettungsplan, Brandschutzordnung/Alarmplan, Bedienung des Feuerlöschers, Notrufnummern, Gesprächsstruktur beim Notruf	alle Arbeitnehmer
Kennzeichnungen für Sicherheits- und Gesundheitsschutz	ASR A1.3	Bedeutung der Sicherheitskennzeichnung und daraus abgeleitete Verhaltensmaßnahmen	alle Arbeitnehmer
Erste Hilfe	Arbeitsschutzgesetz, DGUV Vorschrift 1	Verhalten bei Unfällen	alle Arbeitnehmer
Gefahrstoffe	Gefahrstoffverordnung (GefStoffV)	Unterweisung anhand der Betriebsanweisungen, Gefahren erläutern und Schutzmaßnahmen darstellen, Beschäftigungsbeschränkungen für werdende Mütter	alle, die mit Gefahrstoffen umgehen
Heben und Tragen	Lastenhandhabungsverordnung (LasthandhabV)	Gesundheitsschutz bei der manuellen Handhabung von Lasten, richtiges Heben und Tragen	alle, die mit Lasten umgehen
Bestimmte Maschinen, Geräte, Werkzeuge und Anlagen	Betriebssicherheitsverordnung (BetrSichV)	Gefahren, richtiger Umgang mit Arbeitsmitteln, Verhalten bei Störungen	alle, die mit Maschinen, Geräten, Werkzeugen oder Anlagen umgehen
Persönliche Schutzausrüstung	PSA-Benutzungsverordnung (PSA-BV)	richtiger Umgang mit PSA	alle, die PSA tragen müssen
Lärm	Lärm- und Vibrations-Arbeitsschutzverordnung (LärmVibrationsArbSchV)	Höhe der Belastung, Gesundheitsgefahren, Schutzmaßnahmen	alle, die in Lärmbereichen arbeiten
Umgang mit Laserstrahlung	ArbSchV künstliche optische Strahlung (OStrV), DGUV Information 203-042 „Auswahl und Benutzung von Laserschutzbrillen“	Bestellung und Aufgaben des Laserschutzbeauftragten, Kennzeichnung des Kontrollbereichs, Auswahl und Verwendung von persönlicher Schutzausrüstung,	alle, die mit Lasergeräten arbeiten

FORUM

Thematik	Vorschrift	Inhalte	betrifft
		Beschäftigungsbeschränkungen, Erste-Hilfe-Maßnahmen	
Verhalten im Störfall	Störfall-Verordnung	Alarmierungswege, Verhaltensregeln im Störfall, Verhalten nach Entwarnung	alle, die in genehmigungsbedürftigen Anlagen arbeiten
Umgang mit radioaktiven Stoffen	Strahlenschutzverordnung (StrlSchV)	Sicherheits- und Schutzmaßnahmen	alle, die mit radioaktiven Stoffen oder ionisierender Strahlung umgehen
Umgang mit biologischen Arbeitsstoffen	Biostoffverordnung (BioStoffV)	Gefahren, Schutzmaßnahmen, Verhaltensregeln	alle, die mit biologischen Arbeitsstoffen umgehen
Unterweisung für Jugendliche	Jugendarbeitsschutzgesetz (JArbSchG)	Erläuterung der Unfall- und Gesundheitsgefahren, Einrichtungen und Maßnahmen zur Abwehr dieser Gefahren, Schutzkleidung, Beschäftigungsverbote	alle Jugendlichen (noch nicht 18 Jahre alt), mindestens halbjährliche Unterweisungen
Mutterschutzunterweisung	Mutterschutzrichtlinienverordnung (MuSchRiV), Mutterschutzgesetz (MuSchG), GefStoffV, StrlSchV	besondere Gefahren für werdende oder stillende Mütter, Beurteilung der Arbeitsbedingungen zum Schutz betroffener Arbeitnehmerinnen, Schutzmaßnahmen und Beschäftigungsverbote	alle Arbeitnehmerinnen im gebärfähigen Alter
Unterweisung Gleichbehandlungsgesetz	Allgemeines Gleichbehandlungsgesetz (AGG)	Sensibilisierung zur Verhinderung von Benachteiligung, Information über Rechte und Pflichten aufgrund des AGG	alle Arbeitnehmer

Jahresplanung

Unterweisungen 20

Firma/Einrichtung und Stempel

Firma/Einrichtung: ____________________

Name des Prüfers: ____________________

Ort/Datum: ____________________ , den ____________

Die Mitarbeiter sind über folgende Themen zu unterweisen:

	Thema	verantwortliche Person	Zeitrahmen	Abteilung/Mitarbeitergruppe (Azubis u. Ä.)	erledigt
1.					☐
2.					☐
3.					☐
4.					☐
5.					☐
6.					☐
7.					☐
8.					☐
9.					☐
10.					☐
11.					☐
12.					☐
13.					☐
14.					☐
15.					☐

Datum, Unterschrift des Prüfers ____________________

Übersicht

Prüffristen Maschinen, Geräte und Anlagen

Firma/Einrichtung und Stempel

	Prüfung		Kontrolle	
	durch	Frist	durch	Frist
Abluftanlagen				
Lüftungshauben, Aerosolabscheider			Fachunternehmen, Betreiber, unterwiesene Beschäftigte	bei Bedarf reinigen, **jeden Arbeitstag** kontrollieren
Lüftungsdecken			Fachunternehmen, Betreiber, unterwiesene Beschäftigte	bei Bedarf reinigen, **monatlich** kontrollieren
Einrichtungen der Abluftanlage wie Leitungen, Verriegelung, etc.			Fachunternehmen, Betreiber, unterwiesene Beschäftigte	bei Bedarf reinigen, **halbjährlich** kontrollieren
Aufzugsanlagen				
Personenbeförderung	zugelassene Überwachungsstellen (ZÜS)	Hauptprüfung: alle 2 Jahre sowie Zwischenprüfung		
Lastenaufzug	ZÜS	Hauptprüfung: alle 2 Jahre sowie Zwischenprüfung		
Güteraufzug	zur Prüfung befähigte Person (zPbP)	alle 2 Jahre*		
Brandschutz				
Brandmeldeanlagen	zPbP (sachkundig)	jährlich*		
ortsfeste Feuerlöschanlagen	zPbP (sachkundig)	jährlich*		
Feuerlöscher	zPbP (sachkundig)	alle 2 Jahre		
Brandschutztüren	zPbP (sachkundig)	jährlich*	Betreiber, unterwiesene Beschäftigte	Monatlich
Sicherheitsbeleuchtung	zPbP	jährlich*		
Druckbehälter				
Kompressoren Druckinhaltsprodukt ≤ 1000 [bar l]	zPbP	jährlich		
Kompressoren Druckinhaltsprodukt > 1000 [bar l]	ZÜS	äußere Prüfung alle 2Jahre, innere Prüfung alle 5 Jahre, Festigkeitsprüfung alle 10 Jahre		
andere Druckbehälter	zPbP/ZÜS	nach Herstellerangaben		

	Prüfung		Kontrolle	
	durch	Frist	durch	Frist
Elektrische Anlagen und Betriebsmittel				
Elektrische Anlagen und ortsfeste Betriebsmittel	zPbP (Elektrofachkraft)	alle 4 Jahre		
Elektrische Anlagen und ortsfeste Betriebsmittel in „Betriebsstätten, Räumen und Anlagen besonderer Art“ (DIN VDE 0100 Gruppe 700)	zPbP (Elektrofachkraft)	jährlich		
Schutzmaßnahmen mit Fehlerstrom-Schutzeinrichtungen in nichtstationären Anlagen	zPbP (Elektrofachkraft oder EuP)	monatlich		
Fehlerstrom-, Differenzstrom und Fehlerspannungs-Schutzschalter in stationären und nichtstationären Anlagen	zPbP (Elektrofachkraft)	alle 6 Monate	Benutzer	Arbeitstäglich
Ortsveränderliche elektrische Betriebsmittel Verlängerungs- und Geräteanschlussleitungen mit Steckvorrichtungen Anschlussleitungen mit Stecker Bewegliche Leitungen mit Stecker und Festanschluss	zPbP (Elektrofachkraft)	alle 6 Monate*, auf Baustellen alle 3 Monate Verlängerung der Prüffrist möglich <u>Maximalwerte</u> 1 Jahr auf Baustellen, in Fertigungsstätten, Büros und ähnlich 2 Jahre in Büros und ähnlich		
Isolierende Schutzkleidunge (soweit benutzt)	zPbP (Elektrofachkraft)	jährlich; alle 6 Monate für isolierende Handschuhe	Benutzer	vor jeder Benutzung
Isolierte Werkzeuge, Kabelschneidgeräte; isolierende Schutzeinrichtungen u. ä.			Benutzer/in	vor jeder Benutzung
Spannungsprüfer und andere Werkzeuge für Nennspannungen über 1 kV	zPbP (Elektrofachkraft)	alle 6 Jahre		
Explosionsschutz				
Einfache Ex-Anlagen	zPbP, ZÜS	technische Prüfung alle 3 Jahre, Prüfung auf Explosionssicherheit alle 6 Jahre		
Ex-Anlagen	zPbP, ZÜS	technische Prüfung alle 3 Jahre		
	zPbP mit besonderen Kenntnissen im Ex-Schutz oder ZÜS	Prüfung auf Explosionssicherheit alle 6 Jahre		
Gaswarnanlagen, Lüftungsanlagen einschließlich MSR u.ä.	zPbP	mind. jährlich		
Fahrzeuge				
PKW, Transporter, LKW	zPbP	jährlich auf betriebssicheren Zustand*		
Flurförderzeuge				
Flurförderzeuge	zPbP	jährlich*		

	Prüfung		Kontrolle	
	durch	Frist	durch	Frist
Krane, Winden				
Anschlag-, Lastaufnahme- und Tragemittel	zPbP	jährlich		
Winden, Hub- und Zuggeräte	zPbP	jährlich		
Hebezeuge, Kettenzüge	zPbP	jährlich		
Krane	zPbP, teilweise Prüfungssachverständiger	abhängig von Kranart		
Lagereinrichtungen				
Regale	zPbP	jährlich*	Betreiber, unterwiesene Beschäftigte	wöchentlich*
Anfahrschutze			Betreiber, unterwiesene Beschäftigte	wöchentlich*
Leitern und Tritte				
Leitern	zPbP	jährlich*	Benutzer	vor Verwendung
Tritte	zPbP	jährlich*	Benutzer	vor Verwendung
Podeste	zPbP	jährlich*	Benutzer	vor Verwendung
Arbeitsbühne, fahrbar	zPbP	jährlich*	Betreiber, unterwiesene Beschäftigte	nach Aufbau
Maschinen				
Sicherheitseinrichtungen an Maschinen und Geräten	zPbP	jährlich* oder nach Herstellerangabe	Betreiber, unterwiesene Beschäftigte	Arbeitstäglich
Müllpressen	zPbP	jährlich		
PSA				
PSA			Benutzer	vor Verwendung
PSA gegen Absturz	zPbP	mindestens jährlich	Benutzer	vor Verwendung
Weitere Arbeitsmittel				
Hebebühnen	zPbP	jährlich		
Kälteanlagen	zPbP	jährlich*		
Türen und Tore	zPbP	jährlich*		
Lasereinrichtungen	zPbP	jährlich*		

* Bewährte/empfohlene Prüf-, Kontrollfristen; tatsächliche Frist ist durch Gefährdungsbeurteilung festzulegen

Vorgaben

ASR A2.2	Maßnahmen gegen Brände (Abschnitt 7.5 Instandhaltung und Prüfung)
TRBS 1201	Prüfungen und Kontrollen von Arbeitsmitteln und überwachungspflichtigen Anlagen Anhang 4 Beispiele für bewährte Prüffristen (§ 14 Absatz 2 BetrSichV)
TRBS 1201 Teil 1	Prüfung von Anlagen in explosionsgefährdeten Bereichen
TRBS 1201 Teil 2	Prüfung und Kontrollen bei Gefährdungen durch Dampf und Druck
TRBS 1201 Teil 4	Prüfung von Überwachungspflichtigen Anlagen – Prüfung von Aufzugsanlagen
TRBS 2121 Teil 1	Gefährdung von Beschäftigten durch Absturz bei Verwendung von Gerüsten (Abschnitt 5 Prüfung)
TRBS 2121 Teil 2	Gefährdung von Beschäftigten bei der Verwendung von Leitern (Abschnitt 5 Prüfung)
DGUV Vorschrift 3	DA Elektrische Anlagen und Betriebsmittel
DGUV Information	205-040 Prüffristen im Brandschutz
DIN EN 365	Persönliche Schutzausrüstungen gegen Absturz / „Allgemeine Anforderungen an Gebrauchsanleitungen und Kennzeichnung"

FORUM

Übertragung von
Unternehmerpflichten

Firma/Einrichtung und Stempel

Verpflichtete/-r		**Auftraggeber**	
Name:	______________________	Name:	______________________
Straße:	______________________	Straße:	______________________
PLZ/Ort:	______________________	PLZ/Ort:	______________________

Übertragung von Unternehmerpflichten

(gem. § 13 der DGUV Vorschrift 1 „Grundsätze der Prävention" i. V. m. § 9 OWiG und §§ 15 und 209 SGB VII)

Sehr geehrte Frau/geehrter Herr ______________________________ ,

in Ergänzung zu Ihrem Arbeitsvertrag vom __________________ übertragen wie Ihnen hiermit für

____

(Verantwortungs-/Zuständigkeitsbereich)

gemäß DGUV Vorschrift 1 „Grundsätze der Prävention" – § 13 Pflichtübertragung – mit Wirkung zum ___________________ die der Unternehmerin/dem Unternehmer/der Geschäftsleitung obliegenden Pflichten und Rechte in eigener Verantwortung.

Dazu gehören insbesondere:

- ☐ Unterweisungen durchzuführen
- ☐ Gefährdungsbeurteilungen durchzuführen
- ☐ Betriebsanweisungen zu erstellen
- ☐ Mitarbeiter mit der erforderlichen persönlichen Schutzausrüstung (PSA) auszustatten
- ☐ Sicherheitseinrichtungen (technische Schutzmaßnahmen) zu schaffen und zu erhalten
- ☐ eine wirksame Erste Hilfe sicherzustellen und die Erste Hilfe mit zu organisieren
- ☐ arbeitsmedizinische Vorsorge von Beschäftigten zu veranlassen oder sonstige arbeitsmedizinische Maßnahmen zu veranlassen
- ☐ Anordnungen und sonstige Maßnahmen zu treffen
- ☐ ____

Auf der Rückseite dieser Verpflichtung finden Sie einige grundlegende Anmerkungen dazu.

Wir bitten Sie, zum Zeichen Ihres Einverständnisses eine Kopie zu machen, diese zu unterschreiben und an die Personalabteilung zurückzugeben. Das Original behalten Sie bitte bei Ihren Unterlagen.

Mit freundlichen Grüßen

Unterschrift der Geschäftsleitung		**Unterschrift Verpflichtete Person**
______________________ (Ort)	, den	______________________ (Datum)
______________________ (Unterschrift)		______________________ (Unterschrift)

DGUV Vorschrift 1 Grundsätze der Prävention – § 13 Pflichtübertragung

Der Unternehmer kann zuverlässige und fachkundige Personen schriftlich damit beauftragen, ihm nach Unfallverhütungsvorschriften obliegende Aufgaben in eigener Verantwortung wahrzunehmen. Die Beauftragung muss den Verantwortungsbereich und Befugnisse festlegen und ist vom Beauftragten zu unterzeichnen. Eine Ausfertigung der Beauftragung ist ihm auszuhändigen.

Ordnungswidrigkeitengesetz (OWiG) – § 9 Handeln für einen anderen

(1) Handelt jemand
1. als vertretungsberechtigtes Organ einer juristischen Person oder als Mitglied eines solchen Organs,
2. als vertretungsberechtigter Gesellschafter einer Personenhandelsgesellschaft oder
3. als gesetzlicher Vertreter eines anderen,
so ist ein Gesetz, nach dem besondere persönliche Eigenschaften, Verhältnisse oder Umstände (besondere persönliche Merkmale) die Möglichkeit der Ahndung begründen, auch auf den Vertreter anzuwenden, wenn diese Merkmale zwar nicht bei ihm, aber bei dem Vertretenden vorliegen.

(2) Ist jemand von dem Inhaber eines Betriebes oder einem sonst dazu Befugten
1. beauftragt, den Betrieb ganz oder zum Teil zu leiten oder
2. ausdrücklich beauftragt, in eigener Verantwortung Aufgaben wahrzunehmen, die dem Inhaber des Betriebes obliegen,
und handelt er aufgrund dieses Auftrages, so ist ein Gesetz, nach dem besondere persönliche Merkmale die Möglichkeit der Ahnung zu begründen, auch auf den Beauftragten anzuwenden, wenn diese Merkmale zwar nicht bei ihm, aber bei dem Inhaber des Betriebes vorliegen. Dem Betrieb im Sinne des Satzes 1 steht das Unternehmen gleich. Handelt jemand aufgrund eines entsprechenden Auftrages für eine Stelle, die Aufgaben der öffentlichen Verwaltung wahrnimmt, so ist Satz 1 sinngemäß anzuwenden.

(3) Die Absätze 1 und 2 sind auch dann anzuwenden, wenn die Rechtshandlung, welche die Vertretungsbefugnis oder das Auftragsverhältnis begründen sollte, unwirksam ist.

SGB VII – Gesetzliche Unfallversicherung – § 15 Unfallverhütungsvorschriften

(1) Die Unfallversicherungsträger können unter Mitwirkung der Deutschen Gesetzlichen Unfallversicherung e. V. als autonomes Recht Unfallverhütungsvorschriften über Maßnahmen zur Verhütung von Arbeitsunfällen, Berufskrankheiten und arbeitsbedingten Gesundheitsgefahren oder für eine wirksame Erste Hilfe erlassen, soweit dies zur Prävention geeignet und erforderlich ist und staatliche Arbeitsschutzvorschriften hierüber keine Regelung treffen; in diesem Rahmen können Unfallverhütungsvorschriften erlassen werden über

1. Einrichtungen, Anordnungen und Maßnahmen, welche die Unternehmer zur Verhütung von Arbeitsunfällen, Berufskrankheiten und arbeitsbedingten Gesundheitsgefahren zu treffen haben, sowie die Form der Übertragung dieser Aufgaben auf andere Personen,
2. das Verhalten der Versicherten zur Verhütung von Arbeitsunfällen, Berufskrankheiten und arbeitsbedingten Gesundheitsgefahren,
3. vom Unternehmer zu veranlassende arbeitsmedizinische Untersuchungen und sonstige arbeitsmedizinische Maßnahmen vor, während und nach der Verrichtung von Arbeiten, die für Versicherte oder für Dritte mit arbeitsbedingten Gefahren für Leben und Gesundheit verbunden sind,
4. Voraussetzungen, die der Arzt, der mit Untersuchungen oder Maßnahmen nach Nummer 3 beauftragt ist, zu erfüllen hat, sofern die ärztliche Untersuchung nicht durch eine staatliche Rechtsvorschrift vorgesehen ist,
5. die Sicherstellung einer wirksamen Ersten Hilfe durch den Unternehmer,
6. die Maßnahmen, die der Unternehmer zur Erfüllung der sich aus dem Gesetz über Betriebsärzte, Sicherheitsingenieure und andere Fachkräfte für Arbeitssicherheit ergebenden Pflichten zu treffen hat,
7. die Zahl der Sicherheitsbeauftragten, die nach § 22 unter Berücksichtigung der in den Unternehmen für Leben und Gesundheit der Versicherten bestehenden arbeitsbedingten Gefahren und der Zahl der Beschäftigten zu bestellen sind.

In der Unfallverhütungsvorschrift nach Satz 1 Nr. 3 kann bestimmt werden, dass arbeitsmedizinische Vorsorgeuntersuchungen auch durch den Unfallversicherungsträger veranlasst werden können. Die Deutsche Gesetzliche Unfallversicherung e. V. wirkt beim Erlass von Unfallverhütungsvorschriften auf Rechtseinheitlichkeit hin.

(1a) In der landwirtschaftlichen Unfallversicherung ist Absatz 1 mit der Maßgabe anzuwenden, dass Unfallverhütungsvorschriften von der landwirtschaftlichen Berufsgenossenschaft erlassen werden.

(5) Die Unternehmer sind über die Vorschriften nach Absatz 1 zu unterrichten und zur Unterrichtung der Versicherten verpflichtet.

SGB VII – Gesetzliche Unfallversicherung – § 209 Bußgeldvorschriften

(1) Ordnungswidrig handelt, wer vorsätzlich oder fahrlässig

1. einer Unfallverhütungsvorschrift nach § 15 Abs. 1 oder 2 zuwiderhandelt, soweit sie für einen bestimmten Tatbestand auf diese Bußgeldvorschrift verweist, [...]

Bestellung
Fachkraft für Arbeitssicherheit

Firma/Einrichtung und Stempel

Fachkraft für Arbeitssicherheit		**Auftraggeber**	
Name:	______________________	Name:	______________________
Straße:	______________________	Straße:	______________________
PLZ/Ort:	______________________	PLZ/Ort:	______________________

Bestellung zur Fachkraft für Arbeitssicherheit

(gem. § 5 „Gesetz über Betriebsärzte, Sicherheitsingenieure und andere Fachkräfte für Arbeitssicherheit" – (Arbeitssicherheitsgesetz) und § 19 DGUV Vorschrift 1)

Sehr geehrte Frau/Sehr geehrter Herr ____________________________________ ,
(Name, Vorname)

hiermit bestellen wir Sie für ____________________________________
(Verantwortungs-/Zuständigkeitsbereich)

gemäß § 5 Arbeitssicherheitsgesetz (ASiG) und § 19 DGUV Vorschrift 1 mit Wirkung zum ____________________

zur Fachkraft für Arbeitssicherheit

und übertragen Ihnen die gesetzlichen Aufgaben und Rechte nach § 6 ASiG.

Für die Erfüllung der arbeitssicherheitstechnischen Aufgaben steht eine Mindest-Einsatzzeit von ___ Stunden zur Verfügung.

Auf der Rückseite dieser Bestellung finden Sie einige grundlegende Anmerkungen hierzu.

Wir bitten Sie, zum Zeichen Ihres Einverständnisses eine Kopie zu machen, diese zu unterschreiben und an die Personalabteilung zurückzugeben. Das Original behalten Sie bitte bei Ihren Unterlagen.

Mit freundlichen Grüßen

Unterschrift der Geschäftsleitung		**Unterschrift Fachkraft für Arbeitssicherheit**
______________________ (Ort)	, den	______________________ (Datum)
______________________ (Unterschrift)		______________________ (Unterschrift)

Aufgaben als Fachkraft für Arbeitssicherheit:

Sie haben die Aufgabe, den umseitig genannten Arbeitgeber beim Arbeitsschutz und bei der Unfallverhütung in allen Fragen der Arbeitssicherheit einschließlich der menschengerechten Gestaltung der Arbeit zu unterstützen. Sie haben insbesondere

1. den Arbeitgeber und die für den Arbeitsschutz und die Unfallverhütung von ihm beauftragten Personen zu beraten, insbesondere bei
   a) der Planung, Ausführung und Unterhaltung von Betriebsanlagen und von sozialen und sanitären Einrichtungen,
   b) der Beschaffung von technischen Arbeitsmitteln und der Einführung von Arbeitsverfahren und Arbeitsstoffen,
   c) der Auswahl und Erprobung von persönlichen Schutzausrüstungen,
   d) der Gestaltung der Arbeitsplätze, des Arbeitsablaufs, der Arbeitsumgebung und in sonstigen Fragen der Ergonomie,
   e) der Beurteilung der Arbeitsbedingungen,
2. die Betriebsanlagen und die technischen Arbeitsmittel vor der Inbetriebnahme und Arbeitsverfahren vor ihrer Einführung sicherheitstechnisch zu überprüfen,
3. die Durchführung des Arbeitsschutzes und der Unfallverhütung zu beobachten und im Zusammenhang damit
   a) die Arbeitsstätten in regelmäßigen Abständen zu begehen und festgestellte Mängel dem Arbeitgeber oder den sonst für den Arbeitsschutz und die Unfallverhütung von ihm beauftragten Personen mitzuteilen, Maßnahmen zur Beseitigung dieser Mängel vorzuschlagen und auf deren Durchführung hinzuwirken,
   b) auf die Benutzung der persönlichen Schutzausrüstung zu achten,
   c) Ursachen von Arbeitsunfällen zu untersuchen, die Untersuchungsergebnisse zu erfassen und auszuwerten und dem Arbeitgeber Maßnahmen zur Verhütung dieser Arbeitsunfälle vorzuschlagen,
4. durch vorbildliches Verhalten und durch entsprechende Hinweise darauf hinzuwirken, dass sich alle im Betrieb Beschäftigten den Anforderungen des Arbeitsschutzes und der Unfallverhütung entsprechend verhalten, insbesondere sie über die Unfall- und Gesundheitsgefahren, denen sie bei der Arbeit ausgesetzt sind, sowie über die Einrichtungen und Maßnahmen zur Abwendung dieser Gefahren zu belehren und bei der Schulung der Sicherheitsbeauftragten mitzuwirken.
5. Sie haben ggf. mit dem Betriebsrat/Personalrat zusammenzuarbeiten und ihn in Sachen des Arbeitsschutzes zu beraten.

Rechtsgrundlagen

Arbeitssicherheitsgesetz (ASiG) – § 5 Bestellung von Fachkräften für Arbeitssicherheit

(1) Der Arbeitgeber hat Fachkräfte für Arbeitssicherheit (Sicherheitsingenieure, -techniker, -meister) schriftlich zu bestellen und ihnen die in § 6 genannten Aufgaben zu übertragen, soweit dies erforderlich ist im Hinblick auf

1. die Betriebsart und die damit für die Arbeitnehmer verbundenen Unfall- und Gesundheitsgefahren,
2. die Zahl der beschäftigten Arbeitnehmer und die Zusammensetzung der Arbeitnehmerschaft,
3. die Betriebsorganisation, insbesondere im Hinblick auf die Zahl und Art der für den Arbeitsschutz und die Unfallverhütung verantwortlichen Personen,
4. die Kenntnisse und die Schulung des Arbeitgebers oder der nach § 13 Abs. 1 Nr. 1, 2 oder 3 des Arbeitsschutzgesetzes verantwortlichen Personen in Fragen des Arbeitsschutzes.

(2) Der Arbeitgeber hat dafür zu sorgen, dass die von ihm bestellten Fachkräfte für Arbeitssicherheit ihre Aufgaben erfüllen. Er hat sie bei der Erfüllung ihrer Aufgaben zu unterstützen; insbesondere ist er verpflichtet, ihnen, soweit dies zur Erfüllung ihrer Aufgaben erforderlich ist, Hilfspersonal sowie Räume, Einrichtungen, Geräte und Mittel zur Verfügung zu stellen. Er hat sie über den Einsatz von Personen zu unterrichten, die mit einem befristeten Arbeitsvertrag beschäftigt oder ihm zur Arbeitsleistung überlassen sind.

(3) Der Arbeitgeber hat den Fachkräften für Arbeitssicherheit die zur Erfüllung ihrer Aufgaben erforderliche Fortbildung unter Berücksichtigung der betrieblichen Belange zu ermöglichen. Ist die Fachkraft für Arbeitssicherheit als Arbeitnehmer eingestellt, so ist sie für die Zeit der Fortbildung unter Fortentrichtung der Arbeitsvergütung von der Arbeit freizustellen. Die Kosten der Fortbildung trägt der Arbeitgeber. Ist die Fachkraft für Arbeitssicherheit nicht als Arbeitnehmer eingestellt, so ist sie für die Zeit der Fortbildung von der Erfüllung der ihr übertragenen Aufgaben freizustellen.

Arbeitssicherheitsgesetz (ASiG) – § 6 Aufgaben der Fachkräfte für Arbeitssicherheit

Die Fachkräfte für Arbeitssicherheit haben die Aufgabe, den Arbeitgeber beim Arbeitsschutz und bei der Unfallverhütung in allen Fragen der Arbeitssicherheit einschließlich der menschengerechten Gestaltung der Arbeit zu unterstützen. Sie haben insbesondere

1. den Arbeitgeber und die sonst für den Arbeitsschutz und die Unfallverhütung verantwortlichen Personen zu beraten, insbesondere bei
   a) der Planung, Ausführung und Unterhaltung von Betriebsanlagen und von sozialen und sanitären Einrichtungen,
   b) der Beschaffung von technischen Arbeitsmitteln und der Einführung von Arbeitsverfahren und Arbeitsstoffen,
   c) der Auswahl und Erprobung von Körperschutzmitteln,
   d) der Gestaltung der Arbeitsplätze, des Arbeitsablaufs, der Arbeitsumgebung und in sonstigen Fragen der Ergonomie,
   e) der Beurteilung der Arbeitsbedingungen,
2. die Betriebsanlagen und die technischen Arbeitsmittel insbesondere vor der Inbetriebnahme und Arbeitsverfahren insbesondere vor ihrer Einführung sicherheitstechnisch zu überprüfen,
3. die Durchführung des Arbeitsschutzes und der Unfallverhütung zu beobachten und im Zusammenhang damit
   a) die Arbeitsstätten in regelmäßigen Abständen zu begehen und festgestellte Mängel dem Arbeitgeber oder der sonst für den Arbeitsschutz und die Unfallverhütung verantwortlichen Person mitzuteilen, Maßnahmen zur Beseitigung dieser Mängel vorzuschlagen und auf deren Durchführung hinzuwirken,
   b) auf die Benutzung der Körperschutzmittel zu achten,
   c) Ursachen von Arbeitsunfällen zu untersuchen, die Untersuchungsergebnisse zu erfassen und auszuwerten und dem Arbeitgeber Maßnahmen zur Verhütung dieser Arbeitsunfälle vorzuschlagen,
4. darauf hinzuwirken, dass sich alle im Betrieb Beschäftigten den Anforderungen des Arbeitsschutzes und der Unfallverhütung entsprechend verhalten, insbesondere sie über die Unfall- und Gesundheitsgefahren, denen sie bei der Arbeit ausgesetzt sind, sowie über die Einrichtungen und Maßnahmen zur Abwendung dieser Gefahren zu belehren und bei der Schulung der Sicherheitsbeauftragten mitzuwirken.

DGUV Vorschrift 1 Grundsätze der Prävention – § 19 Bestellung von Fachkräften für Arbeitssicherheit und Betriebsärzten

(1) Der Unternehmer hat nach Maßgabe des Gesetzes über Betriebsärzte, Sicherheitsingenieure und andere Fachkräfte für Arbeitssicherheit (Arbeitssicherheitsgesetz) und der hierzu erlassenen Unfallverhütungsvorschriften Fachkräfte für Arbeitssicherheit und Betriebsärzte zu bestellen.

(2) Der Unternehmer hat die Zusammenarbeit der Fachkräfte für Arbeitssicherheit und der Betriebsärzte zu fördern.

Bestellung
Sicherheitsbeauftragte/-r

Firma/Einrichtung und Stempel

Fachkraft für Arbeitssicherheit	**Auftraggeber**
Name: ______________________	Name: ______________________
Straße: ______________________	Straße: ______________________
PLZ/Ort: ______________________	PLZ/Ort: ______________________

Bestellung zur/zum Sicherheitsbeauftragten

(gem. § 22 Sozialgesetzbuch (SGB) VII und § 20 DGUV Vorschrift 1)

Sehr geehrte Frau/Sehr geehrter Herr ______________________________ ,
(Name, Vorname)

in Ergänzung zu Ihrem Arbeitsvertrag vom ______________ bestellen wir Sie hiermit

für ______________________________
(Zuständigkeits-/Verantwortungsbereich)

gemäß § 22 Sozialgesetzbuch (SGB) VII und § 20 DGUV Vorschrift 1 „Sicherheitsbeauftragte" mit Wirkung zum

____

zur/zum Sicherheitsbeauftragten

und übertragen Ihnen die auf der Rückseite beschriebenen Aufgaben und Rechte.

Wir bitten Sie, zum Zeichen Ihres Einverständnisses eine Kopie zu machen, diese zu unterschreiben und an die Personalabteilung zurückzugeben. Das Original behalten Sie bitte bei Ihren Unterlagen.

Mit freundlichen Grüßen

Unterschrift der Geschäftsleitung	**Unterschrift Sicherheitsbeauftragte/-r**
______________________ , den (Ort)	______________________ (Datum)
______________________ (Unterschrift)	______________________ (Unterschrift)

Aufgaben und Rechte als Sicherheitsbeauftragte/-r

Leitsätze

Sehen Sie sich regelmäßig in Ihrem Arbeitsbereich um und achten Sie darauf, ob Anlagen und Betriebsmittel sich in sicherem Zustand befinden.

- Melden Sie alle technischen Mängel sofort dem zuständigen Vorgesetzten.
- Verhalten sich Ihre Arbeitskollegen sicherheitswidrig, fragen Sie nach den Gründen. Erklären Sie ihnen, warum ihr Verhalten nicht sicher ist, und zeigen Sie ihnen, wie man es richtig macht.
- Erklären Sie Ihren Kollegen die Bedeutung und Wirkung der persönlichen Schutzausrüstung (PSA).
- Anfänger verdienen Ihr besonderes Augenmerk. Durch Schulung, Betreuung und Information werden wir Ihnen das erforderliche
- Know-how für Ihre Tätigkeit geben.

Aufgaben

1. Sich mit den Gefahren im Arbeitsbereich und den zu ihrer Verhütung erlassenen
   - berufsgenossenschaftlichen Vorschriften und betrieblichen Vorgaben (Betriebsanweisungen) vertraut zu machen;
   - bei regelmäßigen Kontrollgängen durch den Arbeitsbereich, die möglichst gemeinsam mit einer Führungskraft vorzunehmen sind, insbesondere auf Folgendes zu achten:
     - Vorhandensein, Benutzung und Wirksamkeit von Schutzvorrichtungen und Absaugungen an Arbeitsmaschinen und Anlagen;
     - Gebrauch von persönlicher Schutzausrüstung wie Schutzbrillen, Kopf-, Hand- und Fußschutz;
     - einwandfreier Zustand der Werkzeuge und elektrischen Betriebsmittel einschließlich deren Aufbewahrung und Pflege;
     - Gefahren, die durch die Lagerung und den Umgang mit Gefahrstoffen und biologischen Agenzien entstehen können;
     - Einhaltung der Arbeitshygiene durch die Mitarbeiter, wie z. B. Handreinigung vor dem Essen, Hautschutzmaßnahmen;
     - richtige Kennzeichnung, Lagerung und sicherer Transport von Materialien, Gefahrstoffen u. a.;
     - sichere Verkehrswege, Abdeckung von Gruben und Luken, sicherer Zustand von Leitern und Tritten;
     - Sauberkeit und Ordnung, Trennung und Bereitstellung der Abfälle entsprechend den betrieblichen Vorgaben.
2. Arbeitskollegen auf sicherheitswidriges und gefährdendes Verhalten – notfalls wiederholt – hinzuweisen, z. B. Leichtsinn, Überschätzung der eigenen Körperkräfte, Geringschätzung von Unfall- und Gesundheitsgefahren;
3. Neueingestellte und auf neue Arbeitsplätze umgesetzte Mitarbeiter ergänzend zu den Erstunterweisungen und Wiederholungsbelehrungen der Führungskräfte über Gefahren in ihrem Arbeitsbereich aufmerksam zu machen;
4. Vorschläge zur Verbesserung des Arbeitsschutzes aufgrund von Beobachtungen und Erfahrungen zu machen sowie Arbeitskollegen zu Verbesserungsvorschlägen auf diesen Gebieten anzuregen;
5. die Führungskraft über vorgefundene Mängel sofort zu unterrichten;
6. Unfälle, auch solche ohne Folgen (Beinahe-Unfälle), der Führungskraft zur Kenntnis zu bringen, damit sie den Ursachen nachgehen kann.

Verantwortung

Als Sicherheitsbeauftragte/-r tragen Sie nicht mehr und nicht weniger Verantwortung als jeder andere im Betrieb Beschäftigte ohne Weisungsbefugnis. Niemand geht also mit der Bestellung zum/zur Sicherheitsbeauftragten ein erhöhtes rechtliches Risiko ein, denn der/die Sicherheitsbeauftragte ist nicht weisungsberechtigt.

Ein erhöhtes Interesse an der Verhütung von Unfällen wird bei Ihnen als dem/der Sicherheitsbeauftragten jedoch vorausgesetzt. Ihre Kenntnisse und Erfahrungen sollen Sie zum Wohle aller an Ihre Vorgesetzten und Kollegen weitergeben, indem Sie Gefahrenquellen erkennen, Vorschläge zur Unfallverhütung machen und Ihre Kollegen in Fragen der Arbeitssicherheit – auch durch das eigene Beispiel - unterstützen.

Aufgaben nach SGB VI – § 22 Sicherheitsbeauftragte

Der § 22 Absatz 2 und 3 des Sozialgesetzbuches VII (Gesetzliche Unfallversicherung) führt dazu Folgendes aus:

(2) Die Sicherheitsbeauftragten haben den Unternehmer bei der Durchführung der Maßnahmen zur Verhütung von Arbeitsunfällen und Berufskrankheiten zu unterstützen, insbesondere sich von dem Vorhandensein und der ordnungsgemäßen Benutzung der vorgeschriebenen Schutzeinrichtungen und persönlichen Schutzausrüstungen zu überzeugen und auf Unfall- und Gesundheitsgefahren für die Versicherten aufmerksam zu machen.

(3) Die Sicherheitsbeauftragten dürfen wegen der Erfüllung der ihnen übertragenen Aufgaben nicht benachteiligt werden.

DGUV Vorschrift 1 Grundsätze der Prävention – § 20 Bestellung und Aufgaben von Sicherheitsbeauftragten

Der § 20 der DGUV Vorschrift 1 „Grundsätze der Prävention" führt dazu unter anderem Folgendes aus:

(3) Der Unternehmer hat den Sicherheitsbeauftragten Gelegenheit zu geben, ihre Aufgaben zu erfüllen, insbesondere in ihrem Bereich an den Betriebsbesichtigungen sowie den Untersuchungen von Unfällen und Berufskrankheiten durch die Aufsichtspersonen der Unfallversicherungsträger teilzunehmen; den Sicherheitsbeauftragten sind die hierbei erzielten Ergebnisse zur Kenntnis zu geben.

(4) Der Unternehmer hat sicherzustellen, dass die Fachkräfte für Arbeitssicherheit und Betriebsärzte mit den Sicherheitsbeauftragten eng zusammenwirken.

(5) Die Sicherheitsbeauftragten dürfen wegen der Erfüllung der ihnen übertragenen Aufgaben nicht benachteiligt werden.

(6) Der Unternehmer hat den Sicherheitsbeauftragten Gelegenheit zu geben, an Aus- und Fortbildungsmaßnahmen des Unfallversicherungsträgers teilzunehmen, soweit dies im Hinblick auf die Betriebsart und die damit für die Versicherten verbundenen Unfall- und Gesundheitsgefahren sowie unter Berücksichtigung betrieblicher Belange erforderlich ist.

Wir wünschen viel Erfolg!

Bestellung als
Betriebsarzt/-ärztin

Firma/Einrichtung und Stempel

Bestellung als Betriebsarzt/-ärztin (gem. § 2 ASiG)

Herr/Frau ______________________________ , geb. am _______________ ,

wird hiermit nach dem „Gesetz über Betriebsärzte, Sicherheitsingenieure und andere Fachkräfte für Arbeitssicherheit" (ASiG) **zum Betriebsarzt/zur Betriebsärztin bestellt.**

Der Betriebsrat hat gemäß ASiG § 9 Abs. 3 **zugestimmt**.

Er/Sie wird als Betriebsarzt/-ärztin eingesetzt. Die arbeitsmedizinische Fachkunde liegt vor. Er/Sie ist zuständig für

____ .

(Verantwortungs-/Zuständigkeitsbereich)

Er/ Sie ist unmittelbar dem Unternehmer/Leitung ______________________ **unterstellt**.

Ihm/Ihr werden die Aufgaben nach § 3 ASiG übertragen, sofern keine besondere Stellenbeschreibung für den/die Betriebsarzt/-ärztin vorliegt.

Der/Die Betriebsarzt/-ärztin ist bei der Anwendung seiner/ihrer arbeitsmedizinischen Fachkunde weisungsfrei (§ 8 Abs. 1 ASiG).

Der nach § 2 DGUV Vorschrift 2 vorgeschriebene Betreuungsumfang ist von dem/der Betriebsarzt/-ärztin zu erbringen.

Der/Die Betriebsarzt/-ärztin hat nach § 5 DGUV Vorschrift 2 regelmäßig über seine/ihre Tätigkeiten einen schriftlichen Bericht abzufassen.

Mit freundlichen Grüßen

Unterschrift der Geschäftsleitung		**Unterschrift Betriebsärztin/-arzt**
______________________________ (Ort)	, den	______________________________ (Datum)
______________________________ (Unterschrift)		______________________________ (Unterschrift)

Arbeitssicherheitsgesetz (ASiG) – § 3 Aufgaben der Betriebsärzte

(1) Die Betriebsärzte haben die Aufgabe, den Arbeitgeber beim Arbeitsschutz und bei der Unfallverhütung in allen Fragen des Gesundheitsschutzes zu unterstützen. Sie haben insbesondere

1. den Arbeitgeber und die sonst für den Arbeitsschutz und die Unfallverhütung verantwortlichen Personen zu beraten, insbesondere bei

   a) der Planung, Ausführung und Unterhaltung von Betriebsanlagen und von sozialen und sanitären Einrichtungen,
   b) der Beschaffung von technischen Arbeitsmitteln und der Einführung von Arbeitsverfahren und Arbeitsstoffen,
   c) der Auswahl und Erprobung von Körperschutzmitteln,
   d) arbeitsphysiologischen, arbeitspsychologischen und sonstigen ergonomischen sowie arbeitshygienischen Fragen, insbesondere
      des Arbeitsrhythmus, der Arbeitszeit und der Pausenregelung,
      der Gestaltung der Arbeitsplätze, des Arbeitsablaufs und der Arbeitsumgebung,
   e) der Organisation der „Ersten Hilfe" im Betrieb,
   f) Fragen des Arbeitsplatzwechsels sowie der Eingliederung und Wiedereingliederung Behinderter in den Arbeitsprozess,
   g) der Beurteilung der Arbeitsbedingungen,

2. die Arbeitnehmer zu untersuchen, arbeitsmedizinisch zu beurteilen und zu beraten sowie die Untersuchungsergebnisse zu erfassen und auszuwerten,

3. die Durchführung des Arbeitsschutzes und der Unfallverhütung zu beobachten und im Zusammenhang damit

   a) die Arbeitsstätten in regelmäßigen Abständen zu begehen und festgestellte Mängel dem Arbeitgeber oder der sonst für den Arbeitsschutz und die Unfallverhütung verantwortlichen Person mitzuteilen, Maßnahmen zur Beseitigung dieser Mängel vorzuschlagen und auf deren Durchführung hinzuwirken,

   b) auf die Benutzung der Körperschutzmittel zu achten,

   c) Ursachen von arbeitsbedingten Erkrankungen zu untersuchen, die Untersuchungsergebnisse zu erfassen und auszuwerten und dem Arbeitgeber Maßnahmen zur Verhütung dieser Erkrankungen vorzuschlagen,

4. darauf hinzuwirken, dass sich alle im Betrieb Beschäftigten den Anforderungen des Arbeitsschutzes und der Unfallverhütung entsprechend verhalten, insbesondere sie über die Unfall- und Gesundheitsgefahren, denen sie bei der Arbeit ausgesetzt sind, sowie über die Einrichtungen und Maßnahmen zur Abwendung dieser Gefahren zu belehren und bei der Einsatzplanung und Schulung der Helfer in „Erster Hilfe" und des medizinischen Hilfspersonals mitzuwirken.

(2) Die Betriebsärzte haben auf Wunsch des Arbeitnehmers diesem das Ergebnis arbeitsmedizinischer Untersuchungen mitzuteilen; § 8 Abs. 1 Satz 3 bleibt unberührt.

(3) Zu den Aufgaben der Betriebsärzte gehört es nicht, Krankmeldungen der Arbeitnehmer auf ihre Berechtigung zu überprüfen.

Arbeitssicherheitsgesetz (ASiG) – § 8 Unabhängigkeit bei der Anwendung der Fachkunde

(1) Betriebsärzte und Fachkräfte für Arbeitssicherheit sind bei der Anwendung ihrer arbeitsmedizinischen und sicherheitstechnischen Fachkunde weisungsfrei. Sie dürfen wegen der Erfüllung der ihnen übertragenen Aufgaben nicht benachteiligt werden. Betriebsärzte sind nur ihrem ärztlichen Gewissen unterworfen und haben die Regeln der ärztlichen Schweigepflicht zu beachten.

DGUV Vorschrift 2 Betriebsärzte und Fachkräfte für Arbeitssicherheit – § 2 Bestellung

(1) Der Unternehmer hat Betriebsärzte und Fachkräfte für Arbeitssicherheit zur Wahrnehmung der in den §§ 3 und 6 des Arbeitssicherheitsgesetzes bezeichneten Aufgaben schriftlich nach Maßgabe der nachfolgenden Bestimmungen zu bestellen. Der Unternehmer hat dem Unfallversicherungsträger auf Verlangen nachzuweisen, wie er die Verpflichtung nach Satz 1 erfüllt hat.

Anmerkung: Der Umfang der Betreuung richtet nach sich nach § 2 der DGUV Vorschrift 2 bei Betrieben mit bis zu 10 Beschäftigten nach Anlage 1 der DGUV Vorschrift 2, gemäß § 3 bei Betrieben mit mehr als 10 Beschäftigten nach Anlage 2.

DGUV Vorschrift 2 Betriebsärzte und Fachkräfte für Arbeitssicherheit – § 5 Bericht

Der Unternehmer hat die gemäß § 2 dieser Unfallverhütungsvorschrift bestellten Betriebsärzte und Fachkräfte für Arbeitssicherheit zu verpflichten, über die Erfüllung der übertragenen Aufgaben regelmäßig schriftlich zu berichten. Die Berichte sollen auch über die Zusammenarbeit der Betriebsärzte und Fachkräfte für Arbeitssicherheit Auskunft geben.

Bestellung einer zur Prüfung befähigten Person

Firma/Einrichtung und Stempel

Sehr geehrte Frau/Sehr geehrter Herr ____ ,
(Name, Vorname)

in Ergänzung zu Ihrem Arbeitsvertrag vom ____________ bestellen wir Sie hiermit mit Wirkung zum ____________
(Datum)

zu einer zur Prüfung befähigten Person

- ☐ für die Prüfung von Arbeitsmitteln gemäß § 14 BetrSichV
- ☐ für die Prüfung von überwachungsbedürftigen Anlagen vor Inbetriebnahme und vor Wiederinbetriebnahme nach prüfpflichtigen Änderungen gemäß § 15 BetrSichV
- ☐ für die wiederkehrende Prüfung von überwachungsbedürftigen Anlagen gemäß § 16 BetrSichV

für ____ .
(Anwendungs-/Verantwortungs-/Zuständigkeitsbereich)

Die sich aus dieser Bestellung ergebenden Aufgaben und Befugnisse sowie die im Kontext zu dieser Bestellung stehenden rechtlichen Rahmenbedingungen sind in der Anlage zu dieser Bestellung aufgeführt.

Durch Ihre Unterschrift bestätigen Sie, dass Sie die Ihnen übertragenen Aufgaben und Befugnisse sowie die rechtlichen Rahmenbedingungen verstanden haben und die übertragene Prüfaufgabe dementsprechend ordnungsgemäß in eigener Verantwortung ausführen können und werden.

Des Weiteren bestätigen Sie, dass Sie über die notwendigen fachlichen Kenntnisse und Erfahrungen gemäß Abschnitt 2 bzw. Abschnitt 3 der Technischen Regel für Betriebssicherheit TRBS 1203 „Zur Prüfung berechtigte Personen" verfügen.

Für den Erhalt Ihrer Kenntnis der aktuellen Vorschriften und Normen wird Ihnen in Absprache mit Ihrem betrieblichen Vorgesetzten die regelmäßige Teilnahme an Weiterbildungsveranstaltungen ermöglicht.

Als zur Prüfung befähigte Person unterliegen Sie gemäß § 14 Abs. 6 BetrSichV bei Ihrer Prüftätigkeit keinen fachlichen Weisungen und dürfen wegen dieser Tätigkeit auch nicht benachteiligt werden.

Eine Kopie dieser Bestellung wird Ihnen ausgehändigt.

Für Ihre Tätigkeit als zur Prüfung befähigte Person wünschen wir Ihnen viel Erfolg!

Unterschrift der Geschäftsleitung	**Unterschrift zur Prüfung befähigten Person**
____________________ , den (Ort)	____________________ (Datum)
____________________ (Unterschrift)	____________________ (Unterschrift)

Nachweis der fachlichen Qualifikation der zur Prüfung befähigten Person:

Frau/Herr ____________ hat eine Berufsausbildung zur/zum ______________________ im Jahr ____________ absolviert und führt zudem seit ______ insbesondere folgende Aufgaben aus:

- ______________________________
- ______________________________

Für den Erhalt der theoretischen Fachkunde hat Frau/Herr ____________ folgende Veranstaltungen besucht:

- ______________________________
- ______________________________

Aufgaben der zur Prüfung befähigten Person

Die Bestellung der zur Prüfung befähigten Person umfasst im Wesentlichen folgende Aufgaben:

- Rechtzeitige Anmeldung und Koordination des Ablaufs der Prüfungen mit den jeweiligen Führungskräften, in deren Zuständigkeitsbereich Prüfungen durchzuführen sind.
- Ermittlung von Art, Umfang und Fristen erforderlicher Prüfungen von ☐ ortsfesten und ☐ ortsveränderlichen Arbeitsmitteln als fachliche Entscheidungshilfe für den Arbeitgeber bzw. die verantwortliche Führungskraft.
- Dokumentation der Ergebnisse der Prüfungen mittels Prüfplakette und/oder Prüfprotokoll.
- Erarbeitung einer zusammenfassenden Auswertung, anhand derer typische Mängelschwerpunkte erkannt werden können. Die Form dieser Auswertung ist im Vorfeld der Prüfungen mit der Unternehmensleitung dergestalt auf die betrieblichen Belange abzustimmen, dass die daraus gewonnenen Erkenntnisse für die Gefährdungsbeurteilung und insbesondere auch für die Neubeschaffung von Arbeitsmitteln, die Erarbeitung von Arbeitsanweisungen sowie die Ableitung von Unterweisungen genutzt werden können.
- Durchführung der erforderlichen Maßnahmen zum Arbeitsschutz (z.B. Freischaltung von Arbeitsbereichen, Außerbetriebnahme nicht betriebssicherer Anlagen oder Arbeitsmittel, Belehrung von Beschäftigten hinsichtlich der bestimmungsgemäßen Nutzung von Anlagen oder Arbeitsmitteln etc.) nach Information und Absprache mit der jeweils zuständigen Führungskraft.
- Wahrnehmung der Leitung und Aufsicht gegenüber den unterstellten unterwiesenen Personen sowie Auswertung der von diesen gelieferten Messergebnissen im Rahmen der Prüfung elektrischer Arbeitsmittel. (Anmerkung: Die Wahrnehmung der Leitung und Aufsicht umfasst insbesondere die Fach- und Führungsverantwortung gegenüber dem betreffenden schriftlich bestellten Personenkreis. Dies ist in den Durchführungsanweisungen zu § 3 Abs. 1 der DGUV Vorschriften 3 bzw. 4 näher beschrieben.)

Befugnisse der zur Prüfung befähigten Person

Zur Durchführung der Aufgaben werden folgende Befugnisse übertragen:

- Befugnis zur unverzüglichen Außerbetriebsetzung von defekten und gefährlichen Anlagen oder Arbeitsmitteln nach Information und Absprache mit der jeweils zuständigen Führungskraft.
- Recht auf Verweigerung bzw. Beendigung der Prüftätigkeit, wenn die für die sichere Durchführbarkeit der Prüfungen notwendigen Rahmenbedingungen nicht gegeben sind, die Durchführung der Tätigkeiten mit einer Überschreitung der eigenen Kompetenzen oder Befugnisse verbunden ist oder wenn die für die Durchführung der Prüfungen notwendigen Kenntnisse oder Erfahrungen nicht vorhanden sind.
- Hinsichtlich der Wahrnehmung der Leitung und Aufsicht gegenüber unterwiesenen Personen wird das Recht eingeräumt, die erforderlichen Maßnahmen (örtliche Kontrolle, Unterweisung, Anweisung) im eigenen Ermessen durchzuführen.
- Für die Wahrnehmung der Aufgaben wird ein Budget von ____________ € zur Verfügung gestellt.

Aufklärung über rechtliche und sonstige Konsequenzen

- Die zur Prüfung befähigte Person trägt im Rahmen ihrer Bestellung die fachliche Verantwortung für die ordnungsgemäße Durchführung der Prüfungen und die Dokumentation der Ergebnisse.
- Die befähigte Person trägt die Fach- und Führungsverantwortung für die ihr unterstellten unterwiesenen Personen. In Bezug auf die sichere und fachgerechte Durchführung der Prüfungen ist die befähigte Person den ihr unterstellten (elektrotechnisch) unterwiesenen Personen gegenüber weisungsbefugt.
- Die jeweils zuständige Führungskraft hat in ihrem Verantwortungsbereich sicherzustellen, dass der zur Prüfung befähigten Person entsprechend der vorher vereinbarten zeitlichen und örtlichen Planung die zu prüfenden ☐ Arbeitsmittel und ☐ Anlagen zur Verfügung gestellt werden bzw. ihr der Zugang zu diesen ermöglicht wird. Ist dies nicht der Fall, können der befähigten Person keine rechtlichen Konsequenzen daraus entstehen, wenn diese ☐ Arbeitsmittel und ☐ Anlagen aus diesen Gründen nicht geprüft werden.
- Kann die zur Prüfung befähigte Person ihre Aufgaben nicht in der vorgesehenen Art und Weise durchführen, so hat sie unverzüglich die im jeweiligen Arbeitsbereich verantwortliche Führungskraft sowie die ihr selbst disziplinarisch vorgesetzte Führungskraft zu informieren.
- Über ggf. wirksam werdende rechtliche und sonstige Konsequenzen bei einer nicht ordnungsgemäßen Wahrnehmung der übertragenen Aufgaben wurde die zur Prüfung befähigte Person informiert.
- Es wurde durch die Unternehmensleitung ☐ überprüft ☐ sichergestellt, dass sich die Betriebshaftpflichtversicherung auch auf die Tätigkeit der zur Prüfung befähigten Person erstreckt.
- Begangene Ordnungswidrigkeiten können mit bis zu 10.000 €, bei Verstößen gegen Anordnungen von zuständigen Behörden mit bis zu 30.000 € geahndet werden (§ 22 BetrSichV i. V. m. § 25 ArbSchG bzw. i. V. m. § 32 Absatz 1 Nummer 14 Buchstabe b ÜAnlG, § 209 SGB VII).
- Vorsätzlich wiederholt begangene Ordnungswidrigkeiten oder die Gefährdung fremder Sachen von bedeutendem Wert können mit Freiheitsstrafen bis zu einem Jahr oder Geldstrafe geahndet werden (§ 23 Absatz 2 BetrSichV i. V. m. § 33 ÜAnlG).
- Die Gefährdung von Leben oder Gesundheit eines Beschäftigten durch eine vorsätzlich begangene Ordnungswidrigkeit kann mit Freiheitsstrafen bis zu einem Jahr oder Geldstrafe geahndet werden (§ 23 Absatz 1 BetrSichV i. V. m. § 26 Nr. 2 ArbSchG).
- Eine fahrlässige Körperverletzung kann mit Freiheitsstrafen bis zu drei Jahren oder Geldstrafe geahndet werden (§ 229 StGB).
- Eine fahrlässige Tötung kann mit Freiheitsstrafen bis zu fünf Jahren oder Geldstrafe geahndet werden (§ 222 StGB).
- Schäden durch Vorsatz oder grobe Fahrlässigkeit können Erstattungsansprüche bis zur Höhe des zivilrechtlichen Schadens nach sich ziehen (§ 110 SGB VII, § 116 SGB X).

Rechtliche Rahmenbedingungen für die Beauftragung einer zur Prüfung befähigten Person

- Gesetz über Ordnungswidrigkeiten (OWiG): § 9 Handeln für einen anderen
- Arbeitsschutzgesetz – ArbSchG: § 13 Verantwortliche Personen, § 25 Bußgeldvorschriften, § 26 Strafvorschriften
- DGUV Vorschrift 1 Grundsätze der Prävention: § 13 Pflichtenübertragung
- DGUV Vorschrift 3 Elektrische Anlagen und Betriebsmittel: § 3 Grundsätze
- DGUV Vorschrift 4 Elektrische Anlagen und Betriebsmittel mit Durchführungsanweisungen: § 3 Grundsätze
- Betriebssicherheitsverordnung (BetrSichV)
    - § 2 Begriffsbestimmungen
    - § 3 Gefährdungsbeurteilung
    - § 14 Prüfung von Arbeitsmitteln
    - § 15 Prüfung vor Inbetriebnahme und vor Wiederinbetriebnahme nach prüfpflichtigen Änderungen
    - § 16 Wiederkehrende Prüfung
    - § 22 Ordnungswidrigkeiten
    - § 23 Straftaten
- Gesetz über überwachungsbedürftige Anlagen (ÜAnlG): § 32 Bußgeldvorschriften, § 33 Strafvorschriften
- TRBS 1203 Zur Prüfung befähigte Person: Abschnitt 2 Allg. Anforderungen, Abschnitt 3 Anforderungen bei Prüfungen an bestimmten Arbeitsmitteln
- Siebentes Sozialgesetzbuch Gesetzliche Unfallversicherung (SGB VII): § 110 Haftung gegenüber den Sozialversicherungsträgern
- Zehntes Sozialgesetzbuch Sozialverwaltungsrecht und Sozialschutz (SGB X): § 116 Ansprüche gegen Schadenersatzpflichtige
- Strafgesetzbuch (StGB): § 209 Bußgeldvorschriften, § 222 Fahrlässige Tötung, § 229 Fahrlässige Körperverletzung

Übertragung der

Fach- und Führungsverantwortung gegenüber elektrotechnisch unterwiesenen Personen (EuP)

Firma/Einrichtung und Stempel

Für den Einsatz elektrotechnisch unterwiesener Personen (EuP) ist es erforderlich, dass eine Elektrofachkraft (EFK) gegenüber diesen Personen die für die sach- und sicherheitsgerechte Durchführbarkeit der Aufgaben notwendige Leitung und Aufsicht wahrnimmt. Eine elektrotechnisch unterwiesene Person ist nach DIN VDE 1000-10 eine Person, die durch die Elektrofachkraft geschult ist und zu deren Unterstützung arbeitet. Die EuP kennt die an sie übergebenen Aufgaben und weiß, welche Gefährdungen mit diesen Aufgaben einhergehen. Falls notwendig, muss die Elektrofachkraft die EuP für die von ihr auszuführenden Tätigkeiten anlernen. Der Rahmen der Tätigkeiten, die von elektrotechnisch unterwiesenen Personen ausgeführt werden können, ist durch die DGUV Vorschrift 4 DA vorgegeben. Es ist sicherzustellen, dass die Vorgaben zur Unfallverhütung des Vereins Deutscher Elektrotechniker (DIN VDE 0100 und DIN VDE 0105) dabei eingehalten werden. Erforderliche Schutzmaßnahmen und Schutzeinrichtungen dürfen dabei genutzt werden. Dokumentiert werden muss, welche Tätigkeiten wie auszuführen sind. Das kann mit Bestellungsurkunden, Unterweisungsnachweisen und Arbeitsanweisungen dokumentiert werden.

Leitung und Aufsicht durch eine Elektrofachkraft umfasst in diesen Fällen alle Tätigkeiten, die erforderlich sind, damit Arbeiten an Anlagen und Arbeitsmitteln von Personen, die nicht die Kenntnisse und Erfahrungen einer Elektrofachkraft haben, sachgerecht und sicher durchgeführt werden können.

Diese Tätigkeiten sind in den jeweiligen Bestellungsurkunden jeder elektrotechnisch unterwiesenen Person aufgeführt.

Die Forderung „unter Leitung und Aufsicht“ einer Elektrofachkraft bedeutet somit die Wahrnehmung von Führungs- und Fachverantwortung, zu denen insbesondere:

- ☐ das Überwachen der ordnungsgemäßen Errichtung, Änderung und Instandhaltung von Anlagen und Arbeitsmitteln,
- ☐ das Anordnen, Durchführen und Kontrollieren der zur jeweiligen Arbeit erforderlichen Sicherheitsmaßnahmen, einschließlich des Bereitstellens von Sicherheitseinrichtungen,
- ☐ das Unterrichten elektrotechnisch unterwiesener Personen,
- ☐ das Unterweisen von fachfremden Personen über das sicherheitsgerechte Verhalten, erforderlichenfalls das Einweisen dieser Personen,
- ☐ das Überwachen, erforderlichenfalls das Beaufsichtigen der Arbeiten und der Arbeitskräfte, z. B. bei nichttechnischen Arbeiten in oder in der Nähe gefahrenträchtiger Bereiche,

zählen.

Zur Erfüllung dieser notwendigen Vorbedingungen wird Herr/Frau ______________________________, geb. am ________________ in ____________________ , hiermit mit sofortiger Wirkung die Fach- und Führungsverantwortung gegenüber den nachfolgend aufgeführten elektrotechnisch unterwiesenen Personen übertragen:

Name	Abteilung, Telefonnummer

Die sich aus dieser Aufgabenübertragung ergebenden Aufgaben und Befugnisse sowie die hierzu im Kontext stehenden rechtlichen Rahmenbedingungen sind in der Anlage aufgeführt.

Durch Ihre Unterschrift bestätigen Sie, dass Sie die Ihnen übertragenen Aufgaben und Befugnisse sowie die rechtlichen Rahmenbedingungen verstanden haben und die übertragenen Aufgaben dementsprechend ordnungsgemäß in eigener Verantwortung ausführen können und werden.

Des Weiteren bestätigen Sie, dass Sie über die notwendigen fachlichen Kenntnisse und Erfahrungen gemäß EFK nach DIN VDE 1000-10, § 3 Absatz 1 der DGUV Vorschrift 3 bzw. 4 bzw. gemäß § 2 Abs. 6 BetrSichV verfügen, um die vorgenannten

Personen durch Anleitung bzw. Einweisung in die Lage zu versetzen, die jeweils vorgesehenen Arbeiten sicher und fachgerecht ausführen zu können.

Für den Erhalt Ihrer Kenntnis der aktuellen Vorschriften und Normen wird Ihnen in Absprache mit Ihrem betrieblichen Vorgesetzten die regelmäßige Teilnahme an Weiterbildungsveranstaltungen ermöglicht.

Als Elektrofachkraft unterliegen Sie gemäß § 13 i. V. m. § 15 Abs. 1 Satz 4 der DGUV Vorschrift 1 „Grundsätze der Prävention“ bzw. § 14 Abs. 6 BetrSichV bei ihrer Tätigkeit keinen fachlichen Weisungen und dürfen wegen dieser Tätigkeit auch nicht benachteiligt werden.

Eine Kopie dieser Bestellung wird Ihnen ausgehändigt.

Für Ihre Tätigkeit wünschen wir Ihnen viel Erfolg!

Unterschrift der Geschäftsleitung	**Unterschrift**
______________________, den	______________________
(Ort)	(Datum)
______________________	______________________
(Unterschrift)	(Unterschrift)

Nachweis der fachlichen Qualifikation

Frau/Herr ______________ hat eine Berufsausbildung zur/zum __________ im Jahre __________ absolviert und führt seit ____ Jahren insbesondere folgende Aufgaben aus:

- ☐ ______________________
- ☐ ______________________
- ☐ ______________________
- ☐ ______________________

Für den notwendigen Erhalt der theoretischen Fachkunde hat Frau/Herr ______________ folgende Veranstaltungen besucht:

- ☐ ______________________
- ☐ ______________________
- ☐ ______________________

Aufgaben

Die Übertragung der Fach- und Führungsverantwortung gegenüber den (elektrotechnisch) unterwiesenen Personen umfasst im Wesentlichen folgende Aufgaben (Nichtzutreffendes bitte streichen):

☐ Auswahl fachlich und persönlich geeigneter Personen, die zu elektrotechnisch unterwiesenen Personen qualifiziert werden sollen.

☐ Durchführung der notwendigen Unterweisungen in Theorie und Praxis.

☐ Individuelle Festlegung des jeweiligen Tätigkeitsgebiets jeder unterstellten elektrotechnisch unterwiesenen Person auf sicher und fachgerecht durchführbare Arbeiten.

☐ Ggf. Durchführung von unangemeldeten Kontrollen auf Einhaltung der gegebenen Anweisungen sowie ordnungsgemäße Durchführung der Arbeiten.

☐ Ggf. Beaufsichtigung der Arbeiten.

☐ Auswahl und Bereitstellung notwendiger Werkzeuge, Schutzausrüstungen und anderer zur sicheren Durchführung der Arbeiten notwendiger Materialien in Absprache mit der disziplinarisch vorgesetzten Führungskraft/der Mittel verwaltenden Stelle.

☐ Schaffung aller sonstigen Voraussetzungen zur Gewährleistung sicherer Arbeitsbedingungen für die unterstellten elektrotechnisch unterwiesenen Personen.

☐ Sonstiges: ______________________________

Befugnisse

Zur Wahrnehmung der Fach- und Führungsverantwortung gegenüber den unterstellten (elektrotechnisch) unterwiesenen Personen werden Frau/Herrn ______________________________ folgende Befugnisse übertragen:

Fachliche Weisungsbefugnis:

Die Elektrofachkraft hat die Befugnis, Arbeits- und Aufgabengebiete der unterstellten elektrotechnisch unterwiesenen Personen entsprechend den jeweiligen persönlichen Voraussetzungen (Kenntnisse und Erfahrungen, körperliche Eignung, Zuverlässigkeit etc.) auf das sicher beherrschbare Maß individuell festlegen zu können. Dies beinhaltet auch das Recht, fachlich und/oder persönlich ungeeigneten Personen die Durchführung von Arbeiten zu untersagen, das Recht auf Verweigerung bzw. Beendigung der Arbeiten, wenn die für die sichere Durchführbarkeit der Arbeiten notwendigen Rahmenbedingungen nicht gegeben sind, die Durchführung der Tätigkeiten mit einer Überschreitung der eigenen Kompetenzen oder Befugnisse verbunden ist oder wenn die für die Durchführung der Arbeiten notwendigen Kenntnisse oder Erfahrungen nicht vorhanden sind. Dies betrifft sowohl die eigene Tätigkeit als Elektrofachkraft als auch die durch unterstellte elektrotechnisch unterwiesene Personen durchgeführten Arbeiten.

Hinsichtlich der Wahrnehmung der Leitung und Aufsicht gegenüber elektrotechnisch unterwiesenen Personen wird das Recht eingeräumt, die erforderlichen Maßnahmen (örtliche Kontrolle, Unterweisung, Anweisung) im eigenen Ermessen durchzuführen.

Für die Wahrnehmung der Aufgaben wird ein Budget von ________________ € zur Verfügung gestellt.

Aufklärung über mögliche rechtliche Konsequenzen

- Die Elektrofachkraft trägt im Rahmen ihrer Bestellung die fachliche Verantwortung für die ordnungsgemäße Durchführung der von den unterstellten elektrotechnisch unterwiesenen Personen ausgeführten Arbeiten. Sie hat deshalb diese Personen angemessen zu unterweisen und durch die unter „Aufgaben" genannten Maßnahmen zu gewährleisten, dass die unterstellten elektrotechnisch unterwiesenen Personen ihre Arbeiten sicher und fachgerecht ausführen können.
- Die jeweils zuständige Führungskraft hat in ihrem Verantwortungsbereich zu gewährleisten, dass alle gemeinsam mit der Elektrofachkraft abgestimmten Sicherheitsmaßnahmen (z. B. Stromabschaltungen, Zugangsbeschränkungen, Außerbetriebnahmen etc.) berücksichtigt und eingehalten werden. Ist dies nicht der Fall, können weder der Elektrofachkraft noch der jeweils betroffenen elektrotechnisch unterwiesenen Person rechtliche Konsequenzen entstehen, wenn Dritte vorsätzlich die abgestimmten Schutzmaßnahmen aufheben oder unbefugte Eingriffe vornehmen.
- Kann die Elektrofachkraft ihre Aufgaben nicht in der vorgesehenen Art und Weise durchführen, so hat sie unverzüglich die für den jeweiligen Arbeitsbereich verantwortliche Führungskraft sowie die ihr selbst disziplinarisch vorgesetzte Führungskraft zu informieren.
- Über ggf. wirksam werdende rechtliche und sonstige Konsequenzen bei einer nicht ordnungsgemäßen Wahrnehmung der übertragenen Aufgaben wurde die bestellte Elektrofachkraft informiert.
- Es wurde durch die Unternehmensleitung überprüft/sichergestellt, dass sich die Betriebshaftpflichtversicherung auch auf die Tätigkeit der Elektrofachkraft erstreckt.
- Begangene Ordnungswidrigkeiten können mit bis zu 10.000 €, bei Verstößen gegen Anordnungen von zuständigen Behörden mit bis zu 30.000 € geahndet werden (§ 22 BetrSichV i. V. m. § 25 ArbSchG, § 209 SGB VII).
- Vorsätzlich wiederholt begangene Ordnungswidrigkeiten oder die Gefährdung fremder Sachen von bedeutendem Wert können mit Freiheitsstrafen bis zu einem Jahr oder Geldstrafe geahndet werden (§ 23 Absatz 2 BetrSichV i. V. m. § 29 ProdSG).
- Die Gefährdung von Leben oder Gesundheit eines Beschäftigten durch eine vorsätzlich begangene Ordnungswidrigkeit kann mit Freiheitsstrafen bis zu einem Jahr oder Geldstrafe geahndet werden (§ 23 Absatz 1 BetrSichV i. V. m. § 26 Nr. 2 ArbSchG).
- Eine fahrlässige Körperverletzung kann mit Freiheitsstrafen bis zu drei Jahren oder Geldstrafe geahndet werden (§ 229 StGB).
- Eine fahrlässige Tötung kann mit Freiheitsstrafen bis zu fünf Jahren oder Geldstrafe geahndet werden (§ 222 StGB).
- Schäden durch Vorsatz oder grobe Fahrlässigkeit können Erstattungsansprüche bis zur Höhe des zivilrechtlichen Schadensersatzanspruchs nach sich ziehen (§ 110 SGB VII, § 116 SGB X).

Rechtliche Rahmenbedingungen

- Gesetz über Ordnungswidrigkeiten OWiG): § 9 Handeln für einen anderen
- Arbeitsschutzgesetz – ArbSchG: § 13 Verantwortliche Personen, § 25 Bußgeldvorschriften, § 26 Strafvorschriften
- DGUV Vorschrift 1 Grundsätze der Prävention: § 13 Pflichtenübertragung
- DGUV Vorschrift 3 Elektrische Anlagen und Betriebsmittel: § 3 Grundsätze
- DGUV Vorschrift 4 Elektrische Anlagen und Betriebsmittel mit Durchführungsanweisungen: § 3 Grundsätze
- DIN VDE 1000-10 Anforderungen an die im Bereich Elektrotechnik tätigen Personen, DIN VDE 0100, DIN VDE 0105,
- Produktsicherheitsgesetz (ProdSG): § 29 Strafvorschriften
- 7. Sozialgesetzbuch Gesetzliche Unfallversicherung (SGB VII): § 110 Haftung gegenüber den Sozialversicherungsträgern
- 10. Sozialgesetzbuch Sozialverwaltungsrecht und Sozialschutz (SGB X): § 116 Ansprüche gegen Schadenersatzpflichtige
- Strafgesetzbuch (StGB): § 209 Bußgeldvorschriften, § 222 Fahrlässige Tötung, § 229 Fahrlässige Körperverletzung

Bestellung zur elektrotechnisch unterwiesenen Person EuP

Firma/Einrichtung und Stempel

Unterwiesene Person

Name: ____________________

Straße: ____________________

PLZ/Ort: ____________________

Auftraggeber

Name: ____________________

Straße: ____________________

PLZ/Ort: ____________________

Bestellung zur elektrotechnisch unterwiesenen Person

Sehr geehrte Frau/Sehr geehrter Herr ____________________ ,

in Ergänzung zu Ihrem Arbeitsvertrag vom ____________ bestellen wir Sie hiermit für

____________________ mit Wirkung zum ____________

(Verantwortungs-/Zuständigkeitsbereich) (Datum)

zur **elektrisch unterwiesenen Person (EuP).**

Aufgrund dieser Bestellung und der in der Unterweisung zur elektrotechnisch unterwiesenen Person in Theorie und Praxis vermittelten Kenntnisse ist Frau/Herr ____________________ berechtigt, die auf der Rückseite genannten Tätigkeiten unter der Leitung und Aufsicht der fachverantwortlichen Elektrofachkraft/befähigten Person Herr/Frau ____________________, Abteilung ____________________ ,Telefon ____________, durchzuführen.

Durch die Unterschrift verpflichtet sich die genannte Person, gemäß den Inhalten der Unterweisung tätig zu werden, die Weisungen der (Elektro-)Fachkraft/befähigten Person zu befolgen und sonst keine weiteren Tätigkeiten oder Eingriffe an (elektrischen) Anlagen oder Arbeitsmitteln vorzunehmen.

Unterschrift der Geschäftsleitung

____________________ , den
(Ort)

____
(Unterschrift)

Unterschrift elektronisch unterwiesene Person

____
(Datum)

____
(Unterschrift)

Unterschrift der Elektrofachkraft

____
(Ort/Datum)

____
(Unterschrift)

Aufgaben, die unter Leitung und Aufsicht durchgeführt werden dürfen	
Auswechseln von Feinsicherungen und Schmelzeinsätzen von Schraubsicherungen bis max. 63 A (Typ D0 und D in Unterverteilungen nach DIN VDE 0105, Teil 1, Tabelle A1)	☐
Auswechseln von Glüh- und Halogenlampen sowie Leuchtstofflampen und deren Startern bis maximal 1.000 W nach DIN VDE 0105, Teil 100	☐
Entsperren von Motorschutzschaltern und -relais, Fehlerstrom- und Leitungsschutzschaltern sowie Not-Aus-Schaltern	☐
Reinigen elektrischer Anlagen und Betriebsmittel	☐
Arbeiten in der Nähe unter Spannung stehender Teile	☐
Überprüfung ortsveränderlicher elektrischer Betriebsmittel unter Verwendung geeigneter Prüfgeräte, die der Normenreihe DIN VDE 0404 und DIN EN 61557 (VDE 0413) entsprechen	☐
Heranführen geeigneter Prüf-, Mess- und Justiereinrichtungen an unter Spannung stehende Teile	☐
Schalthandlung zur Änderung des elektrischen Zustands einer Anlage oder zum Bedienen von Betriebsmitteln	☐
Ausschalten oder Wiedereinschalten von Anlagen im Zusammenhang mit der Durchführung von Arbeiten an elektrischen Anlagen	☐
Freischalten und Wiedereinschalten	☐
Schalthandlungen bei Notfällen in der Elektrizitätsversorgung durchführen	☐
Tätigkeiten zum Erhalt des ordnungsgemäßen Zustands der Anlage (Messen)	☐
Erproben von elektrischen Anlagen (Funktionsfähigkeit, feststellen des elektrischen, mechanischen oder thermischen Zustands einer elektrischen Anlage)	☐
Arbeiten unter Spannung (nur unter Anweisung)	☐
Arbeiten im spannungsfreien Zustand (AisfZ)	☐
Arbeiten in der Nähe unter Spannung stehender Teile beaufsichtigen	☐

Grundsätzlich sind die Arbeiten unter der Leitung und Aufsicht einer Elektrofachkraft auszuführen. Es dürfen nur Aufgaben übernommen werden, die zuvor übertragen worden sind und für die eine Unterweisung erfolgte. Entstehen bei der Durchführung der Arbeiten Unklarheiten sind diese durch Rückfragen an die betreuende Elektrofachkraft zu klären. Wird nicht unter Aufsicht einer Elektrofachkraft gearbeitet, trägt eine elektrotechnisch unterwiesene Person die eigene Verantwortung für ihr Handeln (DIN VDE 1000-10, Abschnitt 4.2).

Bestellung
Gefahrstoffbeauftragte/-r

Firma/Einrichtung und Stempel

Gefahrstoffbeauftragte/-r		**Auftraggeber**	
Name:	______________	Name:	______________
Straße:	______________	Straße:	______________
PLZ/Ort:	______________	PLZ/Ort:	______________

Sehr geehrte Frau/Sehr geehrter Herr ____,
(Name, Vorname)

hiermit bestellen wir Sie für ____
(Zuständigkeits-/Verantwortungsbereich)

mit Wirkung zum ________________

zur/zum Gefahrstoffbeauftragten

und übertragen Ihnen die auf der Rückseite beschriebenen Aufgaben und Rechte.

Wir bitten Sie, zum Zeichen Ihres Einverständnisses eine Kopie zu machen, diese zu unterschreiben und an die

Personalabteilung zurückzugeben. Das Original behalten Sie bitte bei Ihren Unterlagen.

Zur Erfüllung aller mit den vorgenannten Aufgaben in Zusammenhang stehenden Maßnahmen wird der/dem Gefahrstoffbeauftragten Weisungsrecht erteilt.

Mit freundlichen Grüßen

Unterschrift der Geschäftsleitung		**Unterschrift Gefahrstoffbeauftragte/-r**
______________ (Ort)	, den	______________ (Datum)
______________ (Unterschrift)		______________ (Unterschrift)

Vielen Dank für Ihre Bereitschaft, die Aufgabe als Gefahrstoffbeauftragte/-r zu übernehmen!

Aufgaben

Sie verfügen über die nach Gefahrstoffverordnung vorgeschriebene Fachkunde, um den Unternehmer bei der innerbetrieblichen Umsetzung der gesetzlichen Anforderungen an den Umgang mit Gefahrstoffen zu unterstützen.

Leitsätze

Informieren Sie sich regelmäßig über neu einzusetzende Gefahrstoffe.
Überprüfen Sie die Gefährdungen, die von den neuen Gefahrstoffen ausgehen.
Weisen Sie Ihre Arbeitskollegen auf die richtige Anwendung der persönlichen Schutzausrüstung hin.

Aufgaben im Detail

1. Ermitteln und erfassen Sie alle Gefahrstoffe im Unternehmen.
2. Erstellen Sie Gefährdungsbeurteilungen nach § 6 Gefahrstoffverordnung für den Umgang mit Gefahrstoffen unter Berücksichtigung der Technischen Regeln für Gefahrstoffe (TRGS Reihe 400 – Gefährdungsbeurteilung).
3. Unterstützen Sie den Arbeitgeber bei der Erfüllung seiner Grundpflichten nach § 7 GefStoffV.
4. Überprüfen Sie regelmäßig die Wirksamkeit der erarbeiteten Schutzmaßnahmen der Gefährdungsbeurteilung.
5. Stellen Sie sicher, dass alle Sicherheitsdatenblätter der verwendeten Gefahrstoffe auf dem aktuellen Stand sind und Beschäftigte Zugang zu allen Informationen über die Stoffe und Gemische (insbesondere nach § 14 Absatz 1 Satz 4 GefStoffV) haben, mit denen sie Tätigkeiten ausüben.
6. Erstellen Sie ein Gefahrstoffverzeichnis/Gefahrstoffkataster nach § 6 Abs. 12 GefStoffV.
7. Kontrollieren und pflegen Sie die Inhalte des Gefahrstoffverzeichnisses/Gefahrstoffkatasters laufend.
8. Erstellen Sie Betriebsanweisungen für den Umgang mit Gefahrstoffen gemäß § 14 GefStoffV und schreiben Sie diese fort.
9. Überprüfen Sie vor dem Einsatz von neuen Gefahrstoffen die jeweiligen Gefahren, die von den Stoffen ausgehen, und führen Sie eine Ersatzstoffprüfung durch.
10. Erstellen Sie einen Lageplan der Druckgasflaschen und brennbaren Flüssigkeiten. Überpüfen Sie die Lagerbestände bezüglich der VbF (Verordnung über brennbare Flüssigkeiten) und ggf. Prüfung der Anzeigenotwendigkeit.
11. Beschaffen Sie aktuelle Daten zu den Gefahrstoffen sowie einschlägiger Erlasse und Verfügungen auf dem Gebiet des Gefahrstoffrechts.
12. Unterweisen Sie die Mitarbeiter im Umgang mit Gefahrstoffen mind. einmal jährlich.
13. Überprüfen Sie regelmäßig die Lagerung und ordnungsgemäße Kennzeichnung der Gefahrstoffgebinde.
14. Wählen Sie geeignete persönliche Schutzausrüstungen aus.
15. Kontrollieren Sie die persönlichen Schutzausrüstungen.
16. Lassen Sie Messungen des Arbeitsplatzgrenzwerts (AGW) und biologischen Grenzwerts, wenn nötig, durchführen.
17. Lassen Sie in Absprache mit dem Betriebsarzt, wenn nötig, arbeitsmedizinische Vorsorgeuntersuchungen durchführen.
18. Organisieren Sie die sachgerechte Aufbewahrung beziehungsweise Lagerung und Entsorgung von Gefahrstoffen (einschließlich der Sonderabfälle) sowie von Druckgasflaschen.
19. Setzen sie ein Entsorgungskonzept für Gefahrstoffe unter Beteiligung des/der Abfallbeauftragten beziehungsweise des beauftragten Entsorgungsunternehmens um.
20. Begehen Sie regelmäßig Arbeits- und Lagerräume und Betriebsstätten mit zum Beispiel den zuständigen Sicherheitsbeauftragten, um eventuell vorhandene bauliche, technische oder organisatorische Mängel festzustellen. Die Ergebnisse der Begehung sind dem/der Unternehmer/Unternehmerin umgehend mitzuteilen, damit diese/-r eine Beseitigung der möglichen Mängel veranlassen kann.
21. Beraten und unterstützen Sie Unternehmer/Unternehmerin.

Wir wünschen viel Erfolg!

BEGEHUNG:
DURCHFÜHRUNG

Protokoll
Begehung

Firma/Einrichtung und Stempel

Arbeitsbereich: ______________________ Datum: ______________________

Teilnehmer: ____

____

Routine-Begehung/spezielles Thema: ____

Nr.	Festgestellte Mängel, die gleich behoben werden konnten
1.	
2.	
3.	
4.	
5.	
6.	

Nr.	Mängel, die nicht sofort behoben werden können	Maßnahmen bis wann
7.		
8.		
9.		
10.		
11.		
12.		

Nr.	Notwendige Maßnahmen
zu 7.	
zu 8.	
zu 9.	
zu 10.	
zu 11.	
zu 12.	

Umsetzung der Maßnahmen

Nr.	Maßnahme	bis wann	verantwortlich	Folgebegehung erforderlich
zu 7.				☐ Ja, am: ☐ Nein
zu 8.				☐ Ja, am: ☐ Nein
zu 9.				☐ Ja, am: ☐ Nein
zu 10.				☐ Ja, am: ☐ Nein
zu 11.				☐ Ja, am: ☐ Nein
zu 12.				☐ Ja, am: ☐ Nein

Kontrolle der Maßnahmen

Nr.	Maßnahme	Datum	wirksam	Folgebegehung erforderlich
zu 7.			☐ Ja ☐ Nein	☐ Ja, am: ☐ Nein
zu 8.			☐ Ja ☐ Nein	☐ Ja, am: ☐ Nein
zu 9.			☐ Ja ☐ Nein	☐ Ja, am: ☐ Nein
zu 10.			☐ Ja ☐ Nein	☐ Ja, am: ☐ Nein
zu 11.			☐ Ja ☐ Nein	☐ Ja, am: ☐ Nein
zu 12.			☐ Ja ☐ Nein	☐ Ja, am: ☐ Nein

Checkliste

Gespräche mit Mitarbeitenden

Firma/Einrichtung und Stempel

Begehungen bieten eine hervorragende Gelegenheit, um mit den Mitarbeitern in einen Dialog zu treten und die Arbeitsatmosphäre vor Ort zu erleben. Mitarbeiter sind in der Regel in unmittelbarer Nähe zum Arbeitsplatz, zum Arbeitsablauf und zu den Arbeitsmitteln tätig. Sie verfügen über ein breites Spektrum an Sicherheitskenntnissen, die sie im Arbeitsalltag erworben haben. Dieses Wissen ist von großem Nutzen, daher ist es empfehlenswert, mit den Mitarbeitern in einen Dialog zu treten.

Es ist jedoch zu berücksichtigen, dass nicht jeder Mitarbeiter sich in einer großen Runde offen äußern möchte. Auch das Abhaken der folgenden Liste während des Gesprächs kann hinderlich sein. Ebenso können diese Gespräche den vorgegebenen zeitlichen Rahmen überschreiten.

Es ist wichtig, diese Gespräche als wichtige Quelle im Blick zu behalten. Die Umsetzung sollte jedoch flexibel erfolgen.

Für ein offenes Gespräch mit fruchtbaren Informationen sind folgende Tipps hilfreich:

- Es empfiehlt sich, eine offene Kommunikationskultur im Betrieb zu fördern. Bei Hinweisen auf Mängel ist es unerlässlich, diese ernst zu nehmen und gemeinsam nach Lösungen zu suchen – unabhängig von der Hierarchie.
- Es empfiehlt sich, regelmäßig das Gespräch zu suchen und eine Kultur der offenen Tür zu bewahren.
- Bei einer guten Sicherheitskultur ist es ratsam, positives Feedback zu geben, bei Mängeln jedoch die bisherigen Maßnahmen zu überarbeiten (z. B. Unterweisungen praktischer gestalten, Manipulation verhindern etc.).

Mögliche Fragen an Mitarbeitende	Ja	Nein
Allgemeines Sicherheitsbewusstsein		
Kennen Sie die wichtigsten Sicherheitsregeln für Ihren Arbeitsplatz und die genutzten Arbeitsmittel?	☐	☐
Wird jährlich die Sicherheitsunterweisung wiederholt?	☐	☐
Haben Sie Verbesserungsvorschläge zur Sicherheitsunterweisung?	☐	☐
Wenn ja, dann bitte nutzen Sie die Gelegenheit für Ihre Vorschläge:		
Kennen Sie Maßnahmen der Ersten Hilfe? Wissen Sie, wie ein Notruf abgesetzt werden kann? Ist Ihnen bekannt, wer Ersthelfer ist?	☐	☐
Sind Sie mit Standorten und Einsatz der Feuerlöscher vertraut? Ist Ihnen bekannt, wer Brandhelfer ist?	☐	☐
Kennen Sie die Fluchtwege, Notausgänge, Verhalten bei Alarmierung im Brand- und Notfall?	☐	☐
Gab es schon eine Notfallübung, an der Sie teilgenommen haben?	☐	☐
Gibt es eine (jährliche) Brandverhütungsschau?	☐	☐
	☐	☐
	☐	☐
Arbeitsmittel und Maschinen		
Sind alle notwendigen Arbeitsmittel vorhanden?	☐	☐
Ist der Zustand ohne Mängel?	☐	☐
Erhalten Sie zeitnah Ersatz bei Bedarf?	☐	☐
Haben Sie die notwendigen Schulungen erhalten? Wurden diese wiederholt?	☐	☐
Gibt es Sicherheitsmängel, die nicht gemeldet wurden? Oder gemeldet, aber nicht behoben wurden?	☐	☐
	☐	☐
	☐	☐
	☐	☐

Mögliche Fragen an Mitarbeitende	Ja	Nein
Persönliche Schutzausrüstung (PSA)		
Haben Sie alle Teile der notwendigen PSA und sind diese individuell angepasst?	☐	☐
Tragen Sie die PSA?	☐	☐
Wenn Sie die PSA nicht tragen, warum nicht?		
Wissen Sie, woher Sie bei Bedarf Ersatz erhalten?	☐	☐
Wird die PSA vom Arbeitgeber gestellt?	☐	☐
Werden die Mitarbeiter regelmäßig unterwiesen?	☐	☐
	☐	☐
	☐	☐
Gefährdungen und Vorschläge zur Verbesserung		
Haben Sie Verbesserungsvorschläge für mehr Sicherheit am Arbeitsplatz?	☐	☐
Haben Sie unsichere Situationen erlebt? Wurden die Sicherheitsmängel ggf. behoben?	☐	☐
Gibt es Gefahrenstellen, die Ihrer Meinung nach nicht genug beachtet werden?	☐	☐
	☐	☐
	☐	☐
	☐	☐
	☐	☐
	☐	☐
	☐	☐
	☐	☐

Haben Sie weitere Anmerkungen zur Arbeitssicherheit, dann bitte nutzen Sie diese Befragung für die Weitergabe Ihrer Anregungen:

FORUM

Überblick

Begehungen vor Ort und remote

Firma/Einrichtung und Stempel

Sicherheit systematisch optimieren

Betriebsbegehungen sind ein wesentlicher Bestandteil eines wirksamen Arbeitsschutzes. Sie dienen dazu, den aktuellen Sicherheitsstatus eines Betriebs zu überprüfen, mögliche Gefährdungen zu identifizieren und Maßnahmen zur Verbesserung der Arbeitsbedingungen abzuleiten. Die Anlässe sind vielfältig und reichen von Routineinspektionen bis hin zu speziellen Analysen nach Störfällen oder Unfällen.

Traditionelle vs. digitale Betriebsbegehungen

Bisher fanden Betriebsbegehungen fast ausschließlich in persönlicher Form statt. Der direkte Austausch mit den Mitarbeitenden und die Analyse der Arbeitsbedingungen vor Ort sind besonders wertvoll, um Vertrauen zu schaffen und den Arbeitsschutz nachhaltig zu optimieren.

Die zunehmende Digitalisierung eröffnet jedoch neue Möglichkeiten: Remote-Begehungen können in vielen Fällen eine sinnvolle Ergänzung sein. Dabei trifft sich die Sifa in einem digitalen Meeting mit dem Verantwortlichen vor Ort. Während einer Live-Begehung per Videokonferenz können Sicherheitsrisiken identifiziert, Screenshots zur Dokumentation erstellt und Verbesserungsmaßnahmen sofort besprochen werden. Vor Ort muss die Verfügbarkeit der benötigten Technik sichergestellt werden. Sichergestellt werden muss aber auch, dass sensibles Bild- und Tonmaterial nicht in unbefugte Hände gerät. Der Datenschutz muss eingehalten werden. Damit zusammenhängende Fragen sind vor einer Remote-Begehung zu klären.

Unterschiede und Vorteile der beiden Methoden

Vor-Ort-Begehungen sind insbesondere dann sinnvoll, wenn ein **hohes Gefährdungspotenzial** besteht. Der direkte Kontakt mit den Mitarbeitenden fördert das **Vertrauen** und stärkt die Vorbildfunktion der Verantwortlichen. Zudem können sicherheitsrelevante Aspekte unmittelbar überprüft und Maßnahmen direkt vor Ort besprochen werden. Vor-Ort-Begehungen sind in der Regel sicherlich nach Inbetriebnahme neuer Anlagen erforderlich oder wenn es zu erheblichen Störungen in Betriebsabläufen gekommen ist. Sinnvoll sind Vor-Ort-Begehungen auch, wenn es sowohl beim Unternehmen als auch im Betrieb, in dem die Begehung stattfindet, zu wesentlichen personellen Veränderungen bei den Beteiligten gekommen ist.

Remote-Begehungen sparen Zeit und Ressourcen, da An- und Abreisezeiten entfallen. Sie ermöglichen eine flexible Planung und minimieren Betriebsunterbrechungen. Diese Methode bietet sich insbesondere für Unternehmen mit mehreren Standorten und ähnlichen Strukturen und Arbeitsweisen an oder für Unternehmen mit geringem Gefährdungspotenzial. Eine Remote-Begehung bietet sich auch dann an, wenn seit dem letzten Termin keine wesentlichen Veränderungen an der Arbeitsstätte vorgenommen worden sind. Allerdings sollte sichergestellt werden, dass nach einem gewissen Zeitabstand seit der letzten Vor-Ort-Begehung wieder eine derartige Begehung stattfindet.

Kombination als optimale Lösung

Ein „Entweder-oder" ist nicht notwendig: Unternehmen können von einer hybriden Strategie profitieren, die Präsenz- und Ferninspektionen kombiniert. Dies ermöglicht

- **Flexibilität**: Risiken und Sicherheitsfragen können in Echtzeit überprüft werden, ohne dass die Fachkraft der Arbeitssicherheit vor Ort ist. Das ermöglicht bei kurzfristigen Änderungen eine schnelle Reaktion und Anpassung.
- **Effizienzsteigerung**: Routinebegehungen können digital durchgeführt werden, während komplexe Begehungen weiterhin vor Ort erfolgen.
- **Qualitätssicherung**: Remote-Inspektionen stehen Vor-Ort-Inspektionen bzgl. der Anforderungen in nichts nach – **sie erfordern die gleiche Sorgfalt und die Einbeziehung aller relevanten Beteiligten**.

Letztlich muss jede Organisation individuell entscheiden, ob und in welchem Verhältnis Präsenz- und digitale Begehungen sinnvoll sind und ob und wie beide Formen der Begehung sinnvoll kombiniert werden können, um die Arbeitssicherheit optimal zu gewährleisten. Wichtiger Maßstab ist letztlich die Gewährleistung der Einhaltung gesetzlicher Pflichten auf hohem Niveau.

Checkliste

Arbeitsmedizinische Vorsorge

Firma/Einrichtung und Stempel

Firma/Einrichtung: ______________________

Name des Prüfers: ______________________

Ort/Datum: ______________________ , den ____________

Nr.	Prüffragen	Ja	Nein	Nicht zutreffend	Maßnahmen bis wann von wem
1.	Ist sichergestellt, dass die Beschäftigten vor Arbeitsaufnahme über die arbeitsmedizinische Vorsorge aufgeklärt und beraten werden?	☐	☐	☐	
2.	Wird/Werden für das in der Gefährdungsbeurteilung ermittelte Personal die arbeitsmedizinische Vorsorge/Vorsorgeuntersuchungen angeboten bzw. veranlasst?	☐	☐	☐	
3.	Werden die Mitarbeiter über die Bedeutung und den Zweck der arbeitsmedizinischen Vorsorge unterwiesen?	☐	☐	☐	
4.	Ist sichergestellt, dass fachkundige Beratung durch einen Betriebsarzt oder Arbeitsmediziner gewährleistet ist?	☐	☐	☐	
5.	Ist sichergestellt, dass die arbeitsmedizinische Vorsorge und ggf. auch die Immunisierungen durch einen Betriebsarzt oder Arbeitsmediziner durchgeführt werden?	☐	☐	☐	
6.	Wird über Untersuchungen für Jugendliche im Sinne des Jugendarbeitsschutzgesetzes aufgeklärt und werden diese für die Betroffenen (z. B. Azubi unter 18 Jahren) veranlasst?	☐	☐	☐	
7.	Ist die Organisation für die Meldung von Arbeits- und Wegeunfällen und von Berufskrankheiten vorhanden und sind die Beschäftigten hierüber unterwiesen?	☐	☐	☐	
8.	Werden existierende Beschäftigungsbeschränkungen/-verbote z. B. für Jugendliche oder werdende und stillende Mütter beachtet und eingehalten und wurde hierüber aufgeklärt?	☐	☐	☐	
9.	Wird in Ihrem Unternehmen darüber informiert, dass Gesundheitsgefahren und mögliche Schädigungen möglichst frühzeitig erkannt werden sollen, um Schutzmaßnahmen im Vorfeld zu veranlassen (Prävention)?	☐	☐	☐	
10.	Ist dem Arbeitgeber bekannt, dass an gesundheitsgefährdenden Arbeitsplätzen nur die Mitarbeiter beschäftigt werden, die arbeitsmedizinisch untersucht und dadurch als gesundheitlich geeignet erkannt worden sind?	☐	☐	☐	

Nr.	Prüffragen	Ja	Nein	Nicht zutref-fend	Maßnahmen bis wann von wem
11.	Werden die (Wiederholungs-)Termine für die arbeitsmedizinische Vorsorge eingehalten? Wer kontrolliert die Einhaltung der Termine?	☐	☐	☐	
12.	Ist sichergestellt, dass alle Mitarbeiter in die arbeitsmedizinische Vorsorge einbezogen werden, die bei ihrer Tätigkeit Gesundheitsgefahren und Belastungen ausgesetzt sind (unabhängig von der Betriebsgröße)?	☐	☐	☐	
13.	Wird die arbeitsmedizinische Vorsorge regelmäßig (z. B. bei den Betriebsbegehungen) auf Vollständigkeit und Wirksamkeit hinterfragt und ggf. nachgebessert?	☐	☐	☐	
14.	Werden auch die Mitarbeiter Ihres Arbeitsbereichs erfasst, die z. B. durch Umsetzung nur kurzzeitig oder vorübergehend mit gesundheitsgefährdenden Tätigkeiten beschäftigt werden?	☐	☐	☐	
15.	Werden die Schutzmaßnahmen aufgrund von arbeitsplatz- oder tätigkeitsbezogenen Gefährdungsanalysen festgelegt?	☐	☐	☐	
16.	Werden entsprechende Schutzmaßnahmen (technisch, arbeitsorganisatorisch) getroffen, wenn im Betrieb mit möglichen Gesundheitsgefahren der Mitarbeiter zu rechnen ist?	☐	☐	☐	
17.	Wird darauf geachtet, dass die arbeitsmedizinische Vorsorge in keinem Fall einen Ersatz für technische oder organisatorische Schutzmaßnahmen darstellt?	☐	☐	☐	
18.	Werden die Arbeitsstoffe, mit denen Mitarbeiter umgehen, hinsichtlich ihrer möglichen Gesundheitsgefahren geprüft und ggf. gegen weniger problematische Ersatzstoffe ausgetauscht?	☐	☐	☐	
19.	Liegen in Ihrem Unternehmen Informationen hinsichtlich Gesundheitsgefahren, Schutzmaßnahmen und Verhaltensregeln bzgl. der Gefahrstoffe vor und kennen Betroffene den Ort?	☐	☐	☐	
20.	Erfolgt eine regelmäßige Information über die im Arbeitsbereich eingesetzten Stoffe?	☐	☐	☐	
21.	Wird auf die durchzuführende arbeitsmedizinische Vorsorge in den Betriebsanweisungen hingewiesen?	☐	☐	☐	
22.	Werden die Auflagen des Betriebsarztes für eine Weiterbeschäftigung des Mitarbeiters an dessen Arbeitsplatz beachtet?	☐	☐	☐	
23.	Werden in Ihrem Unternehmen Vorsorgekarteien geführt?	☐	☐	☐	
24.	Ist Ihren Mitarbeitern bekannt, dass sie auf Verlangen die Untersuchungsergebnisse ihrer Untersuchungen erhalten können?	☐	☐	☐	

Datum, Unterschrift des Prüfers ____________________

Checkliste

Psychische Belastungen bei der Arbeit

Firma/Einrichtung und Stempel

Firma/Einrichtung: ______________________

Name des Prüfers: ______________________

Ort/Datum: ______________________ , den ____________

Eine Gefährdungsbeurteilung zu Psychischen Belastungen ist ein umfangreiches Thema, das in Zusammenarbeit mit der Belegschaft passieren muss. Um dies zu ermöglichen, ist eine Bestandsaufnahme notwendig. Die folgende Checkliste gibt Ihnen die Möglichkeit bestehende Rahmenbedingungen zu dokumentieren. Der nächste Schritt kann unterschiedlich gestaltet werden, sei es in Form eines Workshops, Fragebögen o.ä.. Ziel ist es, herauszufinden, welche negativen Belastungen existieren und auch, welche Schutzmaßnahmen sinnvoll und umzusetzen sind. Hierzu finden Sie im Anschluss der Checkliste weiterführende Informationen und Quellen.

Nr.	Prüffragen	Ja	Nein	Mögliche Gefährdungen
Belastungsfaktor Arbeitsaufgabe				
1.	Verantwortung • Ist die Tätigkeit mit der Wahrnehmung von Verantwortung für Personal, Maschinen, Abläufe verbunden? • Sind die Verantwortung und die Befugnisse klar geregelt und allen Beteiligten bekannt?	☐ ☐	☐ ☐	
2.	Qualifikation • Wird bei der Personalsuche die Qualifikation ausreichend berücksichtigt? • Wird auf das Vermeiden länger andauernder oder immer wiederkehrender Über- oder Unterforderungen geachtet? • Werden Qualifizierungen angeboten? • Gibt es Aufstiegs- und Entwicklungsmöglichkeiten, werden diese den Beschäftigten angeboten?	☐ ☐ ☐ ☐	☐ ☐ ☐ ☐	
3.	Arbeitsanforderungen • Sind die Arbeitsaufgaben eindeutig und verständlich und klar abgegrenzt? • Findet eine umfängliche Einarbeitung statt? • Ist die Arbeit körperlich schwer? • Ist die Arbeit psychisch anspruchsvoll? • Sind die Tätigkeiten durch häufige belastende Körperhaltungen und Bewegungsabläufe gekennzeichnet? • Sind wenige Minuten andauernde und immer gleichartige Verrichtungen durchzuführen? • Erfordert die Arbeit ständig ein hohes Maß an Aufmerksamkeit und Konzentration?	☐ ☐ ☐ ☐ ☐ ☐ ☐ ☐	☐ ☐ ☐ ☐ ☐ ☐ ☐ ☐	
4.	Abwechslungsreichtum Sind die Anforderungen an die Tätigkeit und den Umgang mit Arbeitsgegenständen und Arbeitsmitteln monoton?	☐	☐	

Nr.	Prüffragen	Ja	Nein	Mögliche Gefährdungen
	• Sind Aufgabenwechsel zwischen monotonen Aufgaben und Aufgaben mit Daueraufmerksamkeit (Steuerung und Überwachung) möglich?	☐	☐	
5.	Vollständigkeit der Arbeitsaufgabe Beinhaltet die Aufgabe nur • vorbereitende Handlungen? • ausführende Handlungen? • kontrollierende Handlungen?	 ☐ ☐ ☐	 ☐ ☐ ☐	
6.	Informationsfluss • Sind die für die Durchführung der Tätigkeit notwendigen Informationen - eindeutig, verständlich? - aktuell? - rechtzeitig verfügbar? - vollständig? • Kommt es vor, dass Entscheidungen ohne ausreichend zur Verfügung gestellte Informationen und mit unzureichenden Entscheidungshilfen getroffen werden müssen? • Stehen den Beschäftigten die notwendigen Arbeitsmittel und Unterlagen rechtzeitig und in ausreichender Menge zur Verfügung? • Funktioniert die sprachliche Verständigung zwischen den Einzelnen und zwischen den Teams?	☐ ☐ ☐ ☐ ☐ ☐ ☐	☐ ☐ ☐ ☐ ☐ ☐ ☐	
7.	Emotionale Inanspruchnahme • Ist die Arbeitsaufgabe/Tätigkeit frei von erhöhten emotionalen Anforderungen? • Ist die Tätigkeit mit einem Umgang mit schwerkranken, verletzten, sterbenden Menschen verbunden? • Erfordert die Tätigkeit das Eingehen auf die Bedürfnisse und Gefühle anderer Menschen? • Müssen während der Tätigkeit bestimmte Verhaltensweisen (z. B. gleichbleibend freundlich) gezeigt werden und eigene Empfindungen außen vor bleiben? • Kann es zu Bedrohungen oder Gewalt durch Kunden, Patienten oder Kriminelle kommen?	☐ ☐ ☐ ☐ ☐	☐ ☐ ☐ ☐ ☐	
Belastungsfaktor Arbeitsorganisation				
8.	Arbeitsabläufe • Haben die Beschäftigten Einfluss auf die Vorgehensweise bei ihrer Arbeit (z. B. Wahl der Arbeitsmittel/-methoden)? • Gibt es eine sorgfältige und funktionierende Arbeitsvorbereitung? • Steht genügend Zeit für eine gute Planung und Organisation der Arbeit zur Verfügung? • Ist die Personalausstattung ausreichend und wird ggf. verstärkt? • Gibt es regelmäßig hohen Zeitdruck, Termindruck und hohe Arbeitsintensität? • Können die Beschäftigten das Arbeitstempo oder den Arbeitstakt beeinflussen (z. B. die Maschine abstellen oder das Tempo drosseln)? • Ist die Tätigkeit durch häufige unplanmäßige Störungen und Unterbrechungen beeinflusst?	☐ ☐ ☐ ☐ ☐ ☐ ☐	☐ ☐ ☐ ☐ ☐ ☐ ☐	

Nr.	Prüffragen	Ja	Nein	Mögliche Gefährdungen
	• Kommt es vor, dass Arbeitsaufgaben unklar oder widersprüchlich sind? • Kommt es vor, dass Arbeitsaufgaben nicht vorhersehbar oder planbar sind? • Gibt es enge Vorgaben für die Erledigung der Arbeit? • Erfolgt die Einführung (Instruktion) in neue Aufgaben rechtzeitig und ausreichen?	☐ ☐ ☐ ☐	☐ ☐ ☐ ☐	
9.	Arbeitszeiten und Pausen • Haben die Beschäftigten Einfluss auf die Zeiteinteilung ihrer Arbeit (z. B. Lage der Pausen, Arbeitstempo, Termingestaltung)? • Werden die gesetzlich festgelegten Arbeitszeiten und Pausen gewährleistet? • Findet regelmäßig Nacht- oder Schichtarbeit statt? • Gibt es wechselnde Arbeitszeiten und Anwesenheit auf Abruf? • Kommt es häufig zu Überstunden oder Wochenendarbeit? • Sind Gleitzeitregelungen möglich?	☐ ☐ ☐ ☐ ☐ ☐	☐ ☐ ☐ ☐ ☐ ☐	
10.	Kommunikation/Kooperation • Handelt es sich um einen Alleinarbeitsplatz? • Ist Unterstützung durch Vorgesetzte und Kollegen vorhanden? • Können bei den Beschäftigten anliegende Probleme besprochen werden?	☐ ☐ ☐	☐ ☐ ☐	
Belastungsfaktor Arbeitsumgebung				
11.	Werden die Beleuchtungsstärken nach ASR A3.4 eingehalten?	☐	☐	
12.	Lärm • Ist das Minimierungsgebot für Lärm beachtet? • Sind Maßnahmen gegen gehörschädigenden Lärm getroffen (ab 80 dB(A)? • Ist die arbeitsmedizinische Vorsorge gewährleistet?	☐ ☐ ☐	☐ ☐ ☐	
13.	Raumklima • Sind die Mindestraumtemperaturen eingehalten? • Sind Maßnahmen gegen übermäßige Sonneneinstrahlung und Sommerhitze getroffen?	☐ ☐	☐ ☐	
14.	Ist für gesundheitlich zuträgliche Raumluft gesorgt?	☐	☐	
15.	Steht ein Pausenraum zur Verfügung?	☐	☐	
16.	Sind die Toiletten ausreichend vorhanden und hygienisch einwandfrei?	☐	☐	
Belastungsfaktor Arbeitsplatz				
17.	Sind die Bewegungsflächen gemäß der ASR A1.2 gewährleistet?	☐	☐	
18.	Werden Tätigkeiten durchgeführt, die den Körper belasten durch • häufige Wiederholungen? • Bewegungsarmut? • ungünstige Körperhaltungen? • Zwangshaltungen?	☐ ☐ ☐ ☐	☐ ☐ ☐ ☐	

Nr.	Prüffragen	Ja	Nein	Mögliche Gefährdungen
	• hohen Kraftaufwand? • Einfluss von Vibrationen?	☐ ☐	☐ ☐	
19.	Besteht die Möglichkeit, wechselnde Arbeitshaltungen einzunehmen?	☐	☐	
20.	Ist die Bewegungsfläche am Arbeitsplatz ausreichend groß?	☐	☐	
21.	Sind aktive Pausen oder Bewegungsübungen vorgesehen?	☐	☐	
22.	Werden Sitzgelegenheiten zur Verfügung gestellt?	☐	☐	
Belastungsfaktor Arbeitsmittel				
23.	Sind die zur Verfügung gestellten Arbeitsmittel für die Arbeitsaufgabe geeignet?	☐	☐	
24.	Sind die Arbeitsmittel funktionsfähig, geprüft und gewartet?	☐	☐	
25.	Sind die Arbeitsmittel ergonomisch bedienbar?	☐	☐	
Belastungsfaktor soziale Beziehungen				
26.	Allgemein • Gibt es Ansprechpartner bzw. Gegenmaßnahmen bezüglich Diskriminierungen und Benachteiligungen (z. B. wegen Alter, Geschlecht, Nationalität, Behinderung; sexuelle Belästigung)? • Gibt es Raum für Sorgen und Konflikte bzw. das Ansprechen derselben? (Vertrauenspersonen wie Vorgesetze, Beauftragte, etc.) • Gibt es Überwachungs- und Kontrollmechanismen der Arbeitsbereiche (Kamera etc.)?	☐ ☐ ☐	☐ ☐ ☐	
27.	Vorgesetzte • Gibt es klare Entscheidungsstrukturen? • Sind die Vorgesetzten für die Führungsaufgabe qualifiziert? • Werden Prioritäten festgelegt? • Findet Rückmeldung zur geleisteten Arbeit statt (Beurteilung, Anerkennung, Kritik)? • Gibt es Möglichkeiten, Vorschläge und Ideen zur Verbesserung der Arbeitsergebnisse, Arbeitsabläufe und des Betriebsklimas einzubringen?	☐ ☐ ☐ ☐ ☐	☐ ☐ ☐ ☐ ☐	

Datum, Unterschrift des Prüfers ______________________________

Rechtlicher Rahmen und Hintergrundinformationen

- **Arbeitsschutzgesetz (ArbSchG) - § 4 Nr. 1 Allgemeine Grundsätze, § 5 Abs. 3 Nr. 6 Beurteilung der Arbeitsbedingungen**

- **Gesetz zur Neuorganisation der bundesunmittelbaren Unfallkassen (BGBl 2013 I Nr. 63, 3836)**

Mit diesem Gesetz wurden „psychische Belastungen" als ein Grund für mögliche Gefährdungen in das Arbeitsschutzgesetz mit allen sich daraus ergebenden Konsequenzen eingebracht. Der Arbeitgeber hat durch eine Beurteilung der für die Beschäftigten mit ihrer Arbeit verbundenen Gefährdung zu ermitteln, welche Maßnahmen des Arbeitsschutzes erforderlich sind (§ 5 Abs. 1 ArbSchG). Daraus folgt dann auch: Der Arbeitgeber hat die Beurteilung je nach Art der Tätigkeiten vorzunehmen. Bei gleichartigen Arbeitsbedingungen ist die Beurteilung eines Arbeitsplatzes oder einer Tätigkeit ausreichend (§ 5 Abs. 2 ArbSchG). In der Konsequenz heißt das, auch für die Gefährdung durch psychische Belastung ist eine Gefährdungsbeurteilung zu erstellen.

- **Gemeinsame Erklärung „Psychische Gesundheit in der Arbeitswelt" von BMAS, BDA und DGB, September 2013**

In der Präambel wird auf die Folgen psychischer Erkrankungen verwiesen. So verursachten diese zum damaligen Zeitpunkt 13 Prozent der Arbeitsunfähigkeitstage und waren die häufigste Ursache für eine Frühverrentung von Beschäftigten, Das Statistische Bundesamt schätzte den volkswirtschaftlichen Schaden infolge psychischer Erkrankungen auf knapp 29 Milliarden Euro ein.

- **Ergebnis der Arbeitskräfteerhebung, Ad-hoc Modul, 2020 – Statistisches Bundesamt**
  (Quelle: https://www.destatis.de/DE/Themen/Arbeit/Arbeitsmarkt/Qualitaet-Arbeit/Dimension-1/stress-arbeitsplatz.html)

Die Erhebung im Jahr 2020 ergab, dass sich 25 Prozent der Erwerbstätigen psychischen Belastungen ausgesetzt sahen. Als häufigste Faktoren, die das seelische Wohlbefinden beeinträchtigten, wurden Zeitdruck oder Arbeitsüberlastung (14 Prozent), der Umgang mit schwierigen Kunden, Patienten und Schülern (5 Prozent) und fehlende Kommunikation oder schlechte Zusammenarbeit im Tätigkeitsbereich (3 Prozent) genannt. Überdurchschnittlich oft empfanden Führungskräfte, aber auch Techniker und Technikerinnen bzw. Personen, die in ähnlicher Funktion im nichttechnischen Bereich tätig waren, ihre Arbeitssituation als belastend (über 30 Prozent). Am wenigsten wurden psychische Belastungen von Erwerbstätigen in Handwerksberufen (19 Prozent) und Hilfskräften (14 Prozent) angegeben.

- **DGUV Information 206-026 „Psychische Belastung – der Schritt der Risikobeurteilung: Fachinformation für die Prävention"**

Es werden u.a. typische psychische Belastungen in den Bereichen

- Arbeitsinhalt / Arbeitsaufgabe (Merkmale wie Handlungsspielraum und emotionale Inanspruchnahme),
- Arbeitsorganisation (Merkmale wie Arbeitszeit und Arbeitsintensität),
- soziale Beziehungen (Merkmale wie Beziehungen zu Kollegen und Vorgesetzten),
- Arbeitsumgebung (Merkmale wie insbesondere Lärm und Arbeitsmittel),
- neue Arbeitsformen (wie u.a. zeitliche Flexibilisierung und atypische Arbeitsverhältnisse)
- angesprochen (siehe S. 9). Neben der Ermittlung psychischer Belastungen wird deren Beurteilung und Hinweisen auf die weiteren Schritte nach der Beurteilung Raum gewidmet.

- **DGUV Information 206-013 „Stress, Mobbing & Co. – Psychische Belastung im Arbeitsleben anhand ausgewählter Beispiele"**

Es werden u.a. Gestaltungsmöglichkeiten für Maßnahmen zum Schutz vor psychischen Belastungen in den Bereichen Arbeitsaufgabe, Arbeitsorganisation, Arbeitsumgebung und Soziale Beziehungen vorgeschlagen. Diese reichen von klarer Aufgabenstellung und Rollenverteilung im Arbeitsprozess bis zur Installation regelmäßiger Team-Gespräche (siehe S. 12). An Hand einer Vielzahl von Beispielen werden mögliche Schutzmaßnahmen für die einzelnen Merkmalsbereiche vorgeschlagen.

- **Deutsche Rentenversicherung, Berufsgenossenschaft für Gesundheitsdienst und Wohlfahrtspflege (BGW) „Gefährdungsbeurteilung psychischer Belastungen und Betriebliches Gesundheitsmanagement: Handlungsanleitung"**

Die Handlungsanleitung weist darauf hin, dass eine Gefährdungsbeurteilung tätigkeitsbezogen, also losgelöst von den Beschäftigten erfolgen soll. Und es wird mit Bezug auf § 5 Abs. 2 ArbSchG darauf verwiesen, dass bei gleichartigen Arbeitsbedingungen die Beurteilung eines Arbeitsbereiches oder einer Tätigkeit ausreichend ist (siehe S. 21).

Für die Erfassung der Belastungen kann ein „Kurz-Fragebogen Zur Arbeitsanalyse (KFZA)" eingesetzt werden. Andere Möglichkeiten sind eine Arbeitssituationsanalyse und ein leitfadengestütztes Gespräch (siehe S. 32 ff).

Auf Basis der Belastungsanalyse sind dann konkrete Arbeitsschutzmaßnahmen festzulegen (siehe S. 34 ff). Es wird betont, dass dabei „Maßnahmen zur Verhütung von [...] arbeitsbedingten Gesundheitsgefahren einschließlich Maßnahmen der menschengerechten Gestaltung der Arbeit" (vgl. § 2 Abs. 1 ArbSchG) eine besondere Rolle zukommt. Bei der Festlegung der Maßnahmen soll von den Allgemeinen Grundsätzen des Arbeitsschutzes ausgegangen werden. An erster Stelle steht dabei die Prävention, durch die die verbleibende Gefährdung möglichst gering zu halten ist (siehe § 4 Nr. 1 ArbSchG). Bei der Erledigung der Maßnahmen sollte eine Orientierung an dem TOP-Prinzip erfolgen – T wie Technische Maßnahme, O wie Organisatorische Maßnahme, P wie personenbezogene Maßnahme.

Kurzfragebogen zur Arbeitsanalyse – KFZA (publiziert von der BG ETEM basierend auf Prümper, Hartmannsgruber & Frese)

(Quelle: https://gbpb.bgetem.de/fanstatic/nva.psyquizz/KFzA.pdf)

Der Fragebogen gibt 26 Fragen vor. Eine von fünf Antwortmöglichkeit zwischen „trifft gar nicht zu“ und „trifft völlig zu“ ist jeweils auszuwählen. Auf diesem Weg können mit überschaubarem Aufwand Probleme ermittelt werden.

ARBEITSSTÄTTEN-
SICHERHEIT
GEM. ArbStättV

Vorlage

Festlegen von Arbeitsbereichen, Arbeitsplätzen und Tätigkeiten

Firma/Einrichtung und Stempel

Firma/Einrichtung: ______________________________

Verantwortlich ist: ______________________________

Ort/Datum: ______________________________, den ______________

Arbeitsbereiche, Tätigkeit, Arbeitsmittel festlegen

Arbeitsbereich	Tätigkeit	Arbeitsmittel

erstellt von/am: ______________________________

Checkliste

Räume (Raumabmessungen, Bewegungsflächen, Klima, Beleuchtung)

Firma/Einrichtung und Stempel

Firma/Einrichtung: ______________________

Name des Prüfers: ______________________

Ort/Datum: ______________________, den ____________

Raumabmessungen und Bewegungsflächen in Arbeitsräumen (nach ASR A1.2)

Nr.	Prüffragen	Ja	Nein	Bemerkungen
Grundfläche von Arbeitsräumen				
1.	Sind bei der Ermittlung der erforderlichen Grundflächen für Arbeitsräume die folgenden Flächen berücksichtigt worden: • Bewegungsflächen der Beschäftigten am Arbeitsplatz, • Flächen für Verkehrswege einschließlich der Fluchtwege und Gänge zu den Arbeitsplätzen und zu den gelegentlich benutzten Betriebseinrichtungen, • Stellflächen für Arbeitsmittel, Einbauten und Einrichtungen, • Funktionsflächen für alle Betriebs- bzw. Benutzungszustände von Arbeitsmitteln, Einbauten und Einrichtungen, • Flächen für Sicherheitsabstände, soweit sie nicht bereits in den Stell- oder Funktionsflächen berücksichtigt sind?	☐	☐	
2.	Werden als Arbeitsräume ausschließlich Räume genutzt, deren Grundflächen mindestens 8 m² für einen Arbeitsplatz zuzüglich mindestens 6 m² für jeden weiteren Arbeitsplatz betragen?	☐	☐	
3.	Wird bei der Einrichtung von Zellenbüros für Büro- und Bildschirmarbeitsplätze ein Flächenbedarf von 8 bis 10 m² je Arbeitsplatz einschließlich Möblierung und anteiliger Verkehrsflächen im Raum vorgesehen?	☐	☐	
4.	Wird bei der Einrichtung von Großraumbüros angesichts des höheren Verkehrsflächenbedarfs und ggf. größerer Störwirkungen ein Flächenbedarf von 12 bis 15 m² je Arbeitsplatz vorgesehen?	☐	☐	

Nr.	Prüffragen	Ja	Nein	Bemerkungen
Bewegungsfläche am Arbeitsplatz				
5.	Betragen die Bewegungsflächen für die Beschäftigten am Arbeitsplatz jeweils mindestens 1,50 m²?	☐	☐	
6.	Steht den Beschäftigten in der Nähe des Arbeitsplatzes jeweils eine mindestens 1,50 m² große Bewegungsfläche zur Verfügung, wenn die Bewegungsfläche am Arbeitsplatz aus betriebstechnischen Gründen nicht realisierbar ist?	☐	☐	
7.	Steht für sitzende und stehende Tätigkeiten eine Bewegungsfläche von mindestens 1,00 m in Tiefe und Breite zur Verfügung?	☐	☐	
8.	Steht für Arbeitsplätze mit stehender nicht aufrechter Körperhaltung eine Bewegungsfläche von mindestens 1,20 m in der Tiefe zur Verfügung?	☐	☐	
9.	Stehen bei unmittelbar nebeneinander angeordneten Arbeitsplätzen Breiten der Bewegungsfläche von jeweils mindestens 1,20 m zur Verfügung?	☐	☐	
10.	Ist berücksichtigt, dass sich Bewegungsflächen nicht überlagern dürfen mit: • Bewegungsflächen anderer Arbeitsplätze, • Flächen für Verkehrswege, einschließlich Fluchtwegen und Gängen zu anderen Arbeitsplätzen und Gängen zu gelegentlich genutzten Betriebseinrichtungen, • Stellflächen für Arbeitsmittel, Einbauten und Einrichtungen, • Funktionsflächen für Arbeitsmittel, Einbauten und Einrichtungen, • Flächen für Sicherheitsabstände?	☐	☐	
11.	Sind die Maße zu Höhen und Breiten von Verkehrswegen einschließlich Gängen zu den Arbeitsplätzen und gelegentlich benutzten Betriebseinrichtungen aus der ASR A1.8 und die Maße zu Höhen und Breiten von Fluchtwegen aus der ASR A2.3 berücksichtigt?	☐	☐	
12.	Sind bei den Stellflächen für Arbeitsmittel, Einbauten und Einrichtungen deren äußere Abmessungen berücksichtigt?	☐	☐	
13.	Sind bei den Funktionsflächen für Arbeitsmittel, Einbauten und Einrichtungen alle Betriebszustände, auch für Instandhaltung und Werkzeugwechsel, berücksichtigt?	☐	☐	
14.	Ist bei der Festlegung der Flächen für Sicherheitsabstände berücksichtigt, dass dieser mindestens 50 cm betragen muss?	☐	☐	

FORUM

Nr.	Prüffragen	Ja	Nein	Bemerkungen
Lichte Höhe von Arbeitsräumen				
15.	Sind bei der Ermittlung der erforderlichen lichten Höhe von Räumen folgende Aspekte berücksichtigt: • die Bewegungsfreiräume für die Beschäftigten, • die Nutzung der Arbeitsräume, • die technischen Anforderungen, z. B. Platzbedarf für Lüftung und Beleuchtung, • die Erfordernisse hinsichtlich des Wohlbefindens der Beschäftigten?	☐	☐	
16.	Beträgt die lichte Höhe von Arbeitsräumen in Abhängigkeit von der Grundfläche: • bei bis zu 50 m² mindestens 2,50 m, • bei mehr als 50 m² mindestens 2,75 m, • bei mehr als 100 m² mindestens 3,00 m. • bei mehr als 2.000 m² mindestens 3,25 m?	☐	☐	
17.	Sind die legalen Möglichkeiten zur Reduzierung der lichten Höhe bekannt?	☐	☐	
Luftraum				
18.	Ist der freie, durch das Volumen von Einbauten nicht verringerte Luftraum für jeden ständig anwesenden Beschäftigten von mindestens • 12 m³ bei überwiegend sitzender Tätigkeit, • 15 m³ bei überwiegend nichtsitzender Tätigkeit und • 18 m³ bei schwerer körperlicher Arbeit gewährleistet?	☐	☐	
19.	Ist sichergesellt, dass für den nicht nur vorübergehenden Aufenthalt anderer Personen im Arbeitsraum für jede zusätzliche Person ein Mindestluftraum von 10 m³ vorzusehen ist (gilt nicht für Verkaufsräume, Schank- und Speiseräume in Gaststätten, Schulungs- und Besprechungsräume sowie für Unterrichtsräume in Schulen)?	☐	☐	
Belange von Menschen mit Behinderungen				
20.	Sind besondere Anforderungen an Raumabmessungen und Bewegungsflächen berücksichtigt worden?	☐	☐	

Datum, Unterschrift des Prüfers ______________________________

Rechtliche Vorgaben und Informationen

Verordnung über Arbeitsstätten (ArbStättV)
ASR A1.2 „Raumabmessungen und Bewegungsflächen“
ASR V3a.2 „Barrierefreie Gestaltung von Arbeitsstätten“
DGUV Information 215-441 Büroraumplanung: „Hilfen für das systematische Planen und Gestalten von Büros“

Prüfjobjekt	______________________________
Name des Prüfers:	______________________________
Ort/Datum:	____________________, den ________

Prüfbereiche Klima, Belüftung und Beleuchtung

Nr.	Prüffragen	Gefährdung			Maßnahmen bis wann
		Ja	Nein	Nicht relevant	
Klima:				☐	
Gefahrenquelle: falsche Raum- bzw. Umgebungstemperatur, relative Luftfeuchte, unzureichende Belüftung. Es sollte geprüft werden,					
21.	ob der Messwert für die Raumtemperatur dem geforderten Mindestwert der ASR 6 (in Abhängigkeit von der Arbeitsschwere) entspricht.	☐	☐	☐	
22.	ob Raumtemperaturen > 26 °C vermieden werden.	☐	☐	☐	
23.	ob die relative Luftfeuchtigkeit den empfohlenen Werten von 40–60 % entspricht und 30 % nicht unterschritten werden.	☐	☐	☐	
24.	ob Raumtemperatur und Luftfeuchtigkeit als angenehm empfunden werden.	☐	☐	☐	
25.	ob eine Belastung durch Sonneneinstrahlung verhindert wird.	☐	☐	☐	
26.	ob Reizungen der Atemwege vermieden werden (z. B. durch trockene Luft).	☐	☐	☐	
27.	ob Arbeitsräume im Sommer ausreichend abgekühlt werden über Nacht.	☐	☐	☐	
28.	ob die Arbeitsplätze ausreichend belüftet werden bzw. die Möglichkeit gegeben ist.	☐	☐	☐	
29.	ob Nichtraucherschutz gegeben ist.	☐	☐	☐	
30.	ob bei Arbeiten im Freien die Arbeitsplätze ausreichend gegen Witterungseinflüsse geschützt sind.	☐	☐	☐	
Hitzearbeit				☐	
31.	ob bei Hitzearbeit für Luftbewegung gesorgt wird.	☐	☐	☐	
32.	ob Arbeitszeiten flexibel gestaltet werden können.	☐	☐	☐	
33.	ob die Pausenvorgaben für Hitzearbeit eingehalten werden.	☐	☐	☐	
34.	ob geeignete Pausenräume zur Verfügung stehen.	☐	☐	☐	
35.	ob geeignete Getränke zur Verfügung gestellt werden.	☐	☐	☐	
36.	ob Vorsorgeuntersuchungen durchgeführt werden.	☐	☐	☐	

FORUM

Nr.	Prüffragen	Gefährdung			Maßnahmen bis wann
		Ja	Nein	Nicht relevant	
Kältearbeit				☐	
37.	ob die Vorschriften für Kältearbeit eingehalten werden.	☐	☐	☐	
38.	ob Vorsorgeuntersuchungen durchgeführt werden.	☐	☐	☐	
39.	ob Aufwärmräume und -zeiten vorhanden bzw. eingeplant sind.	☐	☐	☐	
40.	ob erforderliche Kennzeichnung vorhanden ist.	☐	☐	☐	
41.	ob ortsfeste Kühlbereiche mit mehr als 10 m^2 jederzeit verlassen werden können.	☐	☐	☐	
42.	ob Kälteschutzkleidung zur Verfügung gestellt wird.	☐	☐	☐	
43.	ob Möglichkeiten zum Vorwärmen und Trocknen der Kleidung sowie Aufwärmen der Hände existieren.	☐	☐	☐	

Empfohlene Schutzmaßnahmen

- Arbeits- und Pausenzeiten anpassen
- Bedarfsgerechte Regelung der Temperatur durch Jalousien, Heizung, Klimaanlage etc.
- Lüftung
- Schutzkleidung

Nr.	Prüffragen	Gefährdung			Maßnahmen bis wann
		Ja	Nein	Nicht relevant	
Beleuchtung, Licht				☐	
Gefahrenquelle: Lichteinfall, Beleuchtung unzureichend, Reflexion Es sollte geprüft werden,					
44.	ob die Arbeitsräume ausreichend Tageslicht erreicht.	☐	☐	☐	
45.	ob Belastungen des Auges wegen zu hoher Kontraste (Wechsel von sehr hellen Flächen wie Bildschirmen zu dunklen Flächen) vermieden werden.	☐	☐	☐	
46.	ob die Leuchtdichte im empfohlenen Bereich liegt.	☐	☐	☐	
47.	ob die Messwerte über der vorgegebenen Nennbeleuchtungsstärke nach DIN EN 12464-1 am Arbeitsplatz liegen. (Dies gilt auch für Baustellen.)	☐	☐	☐	
48.	ob die Beleuchtung auch subjektiv als angenehm empfunden wird.	☐	☐	☐	
49.	ob die Helligkeitsverteilung und Beleuchtung durch die Farbe der Wände und Decken positiv beeinflusst werden.	☐	☐	☐	
50.	ob Blendung infolge von Direktblendung durch Lichtquellen oder Spiegelungen (Reflexblendung) in Blickrichtung vermieden wird.	☐	☐	☐	

Nr.	Prüffragen	Gefährdung			Maßnahmen bis wann
		Ja	Nein	Nicht relevant	
51.	ob die Beleuchtung so angeordnet ist, dass Blendung und Reflexionen auf Tischoberflächen und auf Bildschirmoberflächen vermieden werden.	☐	☐	☐	
52.	ob Leuchten parallel zur Hauptblickrichtung angeordnet werden.	☐	☐	☐	
53.	ob sich an Bildschirmarbeitsplätzen für die Bildbearbeitung die Umgebungsbeleuchtung vom Arbeitsplatz aus regulieren lässt.	☐	☐	☐	
54.	ob eine Not- und Sicherheitsbeleuchtung vorhanden ist.	☐	☐	☐	
55.	ob Dunkelstellen vermieden werden (z. B. Treppen, Durchfahrten, Tore ...).	☐	☐	☐	
56.	ob stroboskopische Effekte vermieden werden.	☐	☐	☐	
57.	ob die Lichtrichtung eingehalten wird, sodass die erforderliche Schattigkeit für räumliches Sehen entsteht.	☐	☐	☐	
58.	ob die Innenraumbeleuchtung in der Lichtfarbe neutralweiß eingerichtet ist und die Lichtfarbe bei allen Lampen einheitlich gewählt ist.	☐	☐	☐	
Belange von Menschen mit Behinderung				☐	
59.	Sind besondere Anforderungen von Menschen mit Behinderungen an Beleuchtung und Benutzung von Bedienelementen berücksichtigt worden?	☐	☐	☐	

Empfohlene Schutzmaßnahmen:

- Vorgaben für Beleuchtungsstärke einhalten
- Lichtfarbe an Arbeitsaufgaben anpassen
- Tageslicht bevorzugen
- Blendquellen und Dunkelstellen beseitigen
- Flimmern und Flackern vermeiden

Datum, Unterschrift des Prüfers ______________________________

Rechtliche Vorgaben und Informationen

Arbeitsschutzgesetz (ArbSchG)
Verordnung über Arbeitsstätten (ArbStättV)

ASR A3.4 „Beleuchtung und Sichtverbindung"
ASR A3.5 „Raumtemperatur"
ASR V3a.2 „Barrierefreie Gestaltung von Arbeitsstätten"

DGUV Information 215-210 „Natürliche und künstliche Beleuchtung von Arbeitsstätten"
DGUV Information 215-510 „Beurteilung des Raumklimas: Handlungshilfen für kleine und mittlere Unternehmen"
DGUV Information 215-520 „Klima im Büro – Antworten auf die häufigsten Fragen"
DGUV Information 215-540 „Klima in Industriehallen"

AMR Nr. 13.1 „Tätigkeiten mit extremer Hitzebelastung, die zu einer besonderen Gefährdung führen können"

DIN 33403-5 Klima am Arbeitsplatz und in der Arbeitsumgebung – Teil 5: Ergonomische Gestaltung von Kältearbeitsplätzen

Checkliste
Barrierefreiheit

Firma/Einrichtung und Stempel

Firma/Einrichtung: ______________________________

Name des Prüfers: ______________________________

Ort/Datum: ______________________________ , den ______________

Nr.	Prüffragen	Ja	Nein	Maßnahmen bis wann
Außenbereich				
1.	Sind Parkplätze für Menschen mit Behinderungen vorhanden und gekennzeichnet? Mindestmaße: 3,5 m x 5 m	☐	☐	
2.	Sind die Gehwege mind. 90 cm breit?	☐	☐	
3.	Ist der Bordstein abgesenkt (höchstens 2 cm Differenz) oder sind Rampen vorhanden?	☐	☐	
4.	Beträgt das Gefälle max. 3 %?	☐	☐	
5.	Gibt es für sehbehinderte Personen ein taktiles Leitsystem?	☐	☐	
6.	Sind Handläufe angebracht, die auch das Zwischenpodest abdecken sowie Anfang und Ende um 30 cm herausragen?	☐	☐	
7.	Sind die Vorderkanten der Stufen kontrastreich markiert?	☐	☐	
8.	Sind Beschilderungen für alle Personen gut lesbar?	☐	☐	
9.	Ist eine auditive Wegführung vorhanden?	☐	☐	
10.	Sind visuelle Orientierungssysteme kontrastreich gestaltet?	☐	☐	
Innenbereich				
11.	Sind Kommunikationsanlagen für Beschäftigte auch mit Rollstuhl nutzbar?	☐	☐	
12.	Sind die Kommunikationsanlagen im Zwei-Sinne-Prinzip nutzbar?	☐	☐	
13.	Sind die taktilen Leitsysteme mit den Kommunikationsanlagen verbunden?	☐	☐	
14.	Sind die Handläufe mit taktilen Informationen zur Orientierung ausgestattet?	☐	☐	
15.	Sind Türen im lichten Maß mind. 90 cm breit und 205 cm hoch?	☐	☐	
16.	Sind Türschwellen max. 2 cm hoch?	☐	☐	
17.	Sind automatische Türöffner für schwergängige Türen vorhanden?	☐	☐	
18.	Sind Gänge rutschfest für Rollstuhlfahrer/-innen mind. 90 cm breit bzw. 150 cm (wenn sie anderen Menschen auf dem Gang begegnen)	☐	☐	

Nr.	Prüffragen	Ja	Nein	Maßnahmen bis wann
	und sind Sackgassen mit einer Wendemöglichkeit (150 cm x 150 cm) vorhanden?			
19.	Sind Ausgleichsstufen vorhanden? • Überwindungsmöglichkeit für Rollstuhlfahrer vorhanden? • Visuell kontrastiert bzw. taktile Markierung für Menschen mit Sehbehinderung?	☐	☐	
20.	Sind Aufzüge (1,10 m x 1,40 m) bzw. die Türen (90 cm) groß genug für Rollstühle? Ist eine freie Bewegungsfläche davor vorhanden?	☐	☐	
21.	Kann der Notruf im Aufzug im Zwei-Sinne-Prinzip abgesetzt werden?	☐	☐	
22.	Sind die Bedienelemente kontrastreich bzw. taktil gestaltet? Ist das Element in einer Höhe von 85 cm angebracht?	☐	☐	
23.	Ist ein WC behindertengerecht eingerichtet? Ist die Tür eine Schiebetür, Automatiktür bzw. nach außen offen?	☐	☐	
24.	Sind die Waschbecken unterfahrbar?	☐	☐	
25.	Sind Handtrockner, -tücher, Seifenspender etc. auch von Menschen mit Behinderungen nutzbar?	☐	☐	
26.	Entsprechen auch die Pausenräume und Küchen den notwendigen Maßen?	☐	☐	
27.	Sind die Küchen auch für Menschen mit Beeinträchtigungen nutzbar?	☐	☐	
28.	Sind Alarmierungen sowohl in den Pausenräumen als auch in den Küchen im Zwei-Sinne-Prinzip gestaltet?	☐	☐	
29.	Gilt dasselbe für Kantinen und Versammlungsräume? Sind hier taktile Leitsysteme vorhanden?	☐	☐	
30.	Sind Erste-Hilfe-Räume auch für Menschen mit Einschränkungen auffindbar und nutzbar?	☐	☐	
31.	Für Menschen mit Seh- oder Gehbehinderungen einen Verbandskasten am Arbeitsplatz bereitstellen.	☐	☐	
32.	Fluchtwege für Rollstuhlfahrer müssen anderen Maßen entsprechen: • Engstellen mind. 90 cm • Fluchtwege (ohne Begegnung): mind. 100 cm • Fluchtwege (mit Begegnung) mind. 150 cm	☐	☐	
33.	Türen müssen seitlich anfahrbar und die manuelle Öffnung möglich sein.	☐	☐	
34.	Visuelles und akustisches Leitsystem vorhanden?	☐	☐	
35.	Finden Übungen für den Ernstfall statt?	☐	☐	

Datum, Unterschrift des Prüfers ____________________

Checkliste

Pausen- und Bereitschaftsräume, Sanitärräume

Firma/Einrichtung und Stempel

Firma/Einrichtung: ____________________

Name des Prüfers: ____________________

Ort/Datum: ____________________ , den ____________

Nr.	Prüffragen	Geprüft		Maßnahmen bis wann
		Ja	Nein	
Pausenräume oder Pausenbereiche				
1.	Ist ein Pausenraum bzw. -bereich gemäß ASR A4.2 NR. 4.1 notwendig?	☐	☐	
2.	Sind die Pausenräume und -bereiche in einer der Sicherheit und Gesundheit zuträglichen Umgebung eingerichtet?	☐	☐	
3.	Sind die Pausenräume leicht und sicher über die Verkehrswege erreichbar? *(Max. Zeitdauer zum Erreichen der Pausenräume: 5 min/100 Meter je Wegstrecke)*	☐	☐	
4.	Sind Pausenräume und -bereiche frei von Gefahr durch herabfallende Gegenstände?	☐	☐	
5.	Sind Pausenräume frei von arbeitsbedingten Störungen?	☐	☐	
6.	Besteht eine Grundfläche von jeweils mindestens 1,00 m^2 einschließlich Sitzgelegenheit und Tisch pro gleichzeitigem Benutzer?	☐	☐	
7.	Beträgt die Grundfläche mindestens 6,00 m^2?	☐	☐	
8.	Ist das Inventar des Pausenraums leicht zu reinigen? Steht ein Abfallbehälter mit Deckel bereit?	☐	☐	
9.	Werden Pausenräume, die auch für andere Zwecke genutzt werden, vor der Nutzung als Pausenraum gelüftet und gereinigt?	☐	☐	
10.	Sind die Beschäftigten im Pausenraum ausreichend vor Zugluft (z. B. durch einen Windfang oder Windfangraum) geschützt? *(Hinweis: nur nötig, wenn der Pausenraum ins Freie führt)*	☐	☐	
11.	Sind die Pausenräume an ungefährlichen Stellen errichtet?	☐	☐	
12.	Sind die Pausenbereiche optisch abgetrennt (z. B. durch mobile Trennwände, Möbel oder Pflanzen)?	☐	☐	
Bereitschaftsräume				
13.	Ist im Unternehmen ein Bereitschaftsraum aufgrund Arbeitsbereitschaft oder Arbeitsunterbrechungen notwendig?	☐	☐	
14.	Erfüllt der Bereitschaftsraum mindestens die Anforderungen an einen Pausenraum?	☐	☐	

Nr.	Prüffragen	Geprüft		Maßnahmen bis wann
		Ja	Nein	
15.	Ist der Bereitschaftsraum mit Liegen ausgestattet, wenn die Arbeitsbereitschaft oder -unterbrechung in den Nachtstunden stattfindet oder die Bereitschaftszeit länger als zwölf Stunden andauert?	☐	☐	
16.	Werden die Anforderungen an Liegen gem. ASR A4.2 Nr. 5 (5) erfüllt?	☐	☐	
Einrichtungen für schwangere und stillende Personen				
17.	Stehen schwangeren Frauen und stillenden Müttern jederzeit Einrichtungen zum Hinlegen, Ausruhen und Stillen zur Verfügung? (Hinweis: Die Privatsphäre muss jederzeit gewährleistet werden!)	☐	☐	
18.	Sind die Einrichtungen gepolstert und mit einem wasch- oder wegwerfbaren Bezug ausgestattet?	☐	☐	
Sanitärräume				
19.	Die Sanitärräume werden nicht als Lager- oder Aufbewahrungsraum für Gegenstände/Arbeitsstoffe, insbes.nicht für Gefahrstoffe, verwendet?	☐	☐	
20.	Ist die Arbeitsstätte neu und wird die lichte Höhe von 2,50 m nicht unterschritten?	☐	☐	
21.	Bestand die Arbeitsstätte bereits vor 09/2013, ist die Raumhöhe geringer als 2,50 m und entspricht sie dem Bauordnungsrecht des Bundeslands?	☐	☐	
22.	Findet ein wesentlicher Umbau statt und muss die Raumhöhe angepasst werden (wesentlicher Umbau ist z. B., wenn Baugenehmigung notwendig)?	☐	☐	
23.	Sind zum Schutz der Intimsphäre Trennwände, Türen und Fenster so angeordnet/beschaffen, dass eine Einsicht von außen/von außerhalb der Kabinen nicht möglich ist?	☐	☐	
24.	Ist die Beleuchtung nach den Anforderungen der ASR A3.4 „Beleuchtung" eingerichtet?	☐	☐	
25.	Beträgt die vertikale Mindestbeleuchtungsstärke bei einer Spiegelbeleuchtung 500 lx ?	☐	☐	
26.	Sind die Sanitärräume für männliche und weibliche Beschäftigte getrennt eingerichtet?	☐	☐	
27.	Ist der Fußboden auch feucht rutschhemmend?	☐	☐	
28.	Haben Wasch- und Umkleideräume einen unmittelbaren Zugang zueinander? Sind die Anforderungen der ASR 4.1 Abschnitt 6.1 (5) für Wege zwischen Wasch- und Umkleideraum erfüllt (maximal 10 m auf der gleichen Etage/ Lufttemperatur mindestens gleich der des Umkleideraums)?	☐	☐	
Belange von Menschen mit Behinderung				
30.	Sind die besonderen Belange von Menschen mit Behinderungen berücksichtigt?	☐	☐	

Datum, Unterschrift des Prüfers ____________________________

Rechtliche Vorgaben und Informationen

Arbeitsstättenverordnung (ArbStättV) – u. a. Anhang Abschnitt 4 Sanitär-, Pausen- und Bereitschaftsräume
Mutterschutzgesetz (MuSchG) - u. a. § 9 Gestaltung der Arbeitsbedingungen

ASR A1.5 „Fußböden", ASR A3.4 „Beleuchtung und Sichtverbindung", ASR V3a2 „Barrierefreie Gestaltung für Arbeitsstätten", ASR A4.1 „Sanitärräume", ASR A4.2 „Pausen- und Bereitschaftsräume"

Checkliste
Bildschirmarbeitsplätze

Firma/Einrichtung und Stempel

Prüfobjekt: ______________________

Name des Prüfers: ______________________

Ort/Datum: ______________________ , den ____________

Mögliche Probleme	Fragen und Hinweise	Maßnahmen zur Verbesserung der Sicherheit	Geprüft	
			Ja	Nein
Gesundheitliche Beschwerden	Wurde den Beschäftigten vor Aufnahme der Bildschirmtätigkeit und in regelmäßigen Abständen von in der Regel drei Jahren eine arbeitsmedizinische Vorsorge bei Bildschirmarbeit angeboten?	Persönliche Empfehlungen aus der Vorsorge umsetzen, z. B. • bessere ergonomische Gestaltung des Arbeitsplatzes • bei nicht ausreichenden Alltagsbrillen am Bildschirmarbeitsplatz eine Arbeitsplatzbrille Hinweis zur Brille: Als Arbeitsplatzbrille muss diese Brille vom Arbeitgeber gestellt werden. Dies gilt aber nicht für Alltagsbrillen. Nur wenn ein Mitarbeiter ansonsten ausreichend mit Sehhilfen versorgt ist, aber dennoch am Computerarbeitsplatz Mühe hat, am Bildschirm gut zu lesen, dann ist diese zusätzliche Brille eine Computer-Arbeitsplatzbrille. Gestellt werden muss, was für die Tätigkeit ausreichend ist.	☐	☐
Beleuchtung	Ist die Beleuchtung auf dem Arbeitstisch vor und an Monitor, Tastatur und Maus ausreichend hell (mind. 500 Lux), nicht grell (unterhalb 1.000 Lux), reflexionsarm (durch Lampen diffus gestreut) und gleichmäßig?	Beispiele: • Computergeeignete Deckenlampen einsetzen oder Steh- und Tischleuchten mit indirekter Lichtstrahlung oder diffuser Lichtstreuung • Raumgestaltung einbeziehen, z. B. müssen Deckenlampen in sehr hohen Räumen häufig tiefer gehängt werden, damit genug Licht auf den Computerarbeitsplatz fällt • Raumfarben einbeziehen, z. B. führen dunkle Wandfarben oft dazu, dass lichtstärkere Leuchten verwendet werden müssen	☐	☐
Lichtschutz	Sind Bildschirmgeräte so aufgestellt, dass die Oberflächen frei von störenden Reflexionen und Blendungen sind?	Beispiele: • Aufstellung Tisch und/oder Monitor zum Lichteinfall verbessern • Fenster mit verstellbarem Lichtschutz versehen • Matte Oberflächen für z. B. Tastatur, Tischauflage etc. auswählen • Mitarbeiter über vorhandene Möglichkeiten informieren	☐	☐

Mögliche Probleme	Fragen und Hinweise	Maßnahmen zur Verbesserung der Sicherheit	Geprüft	
			Ja	Nein
Arbeitsunterbrechung	Wird die tägliche Arbeit am Bildschirm mindestens jede Stunde durch andere Tätigkeiten oder Pausen unterbrochen?	Beispiele: • Arbeitsabläufe möglichst abwechslungsreich gestalten • Drucker in anderen Raum stellen • Flexible Pausenregelungen ermöglichen	☐	☐
Arbeitstisch	Ermöglichen die vorhandenen Arbeitstische eine ergonomisch günstige Haltung während der Arbeit?	Höhenverstellbare und neigbare Tische. Prinzipiell sind Sitz-Steh-Arbeitsplätze zu empfehlen.	☐	☐
Tischoberfläche	Ist die Oberfläche reflexionsarm?	Die Oberfläche des Arbeitstisches sollte hell und matt sein.	☐	☐
Tischhöhe	Beträgt die Tischhöhe für feste Arbeitstische bei sitzenden Tätigkeiten 740 mm ± 20 mm? Beträgt die Tischhöhe für feste Arbeitstische bei stehenden Tätigkeiten 1050 mm ± 20 mm? Beträgt die Tischhöhe für höhenverstellbare Arbeitstische bei sitzenden oder stehenden Tätigkeiten 650 bis 1250 mm?	• Tische sollten in der Höhe zwischen 68 und 76 cm verstellbar sein. • Elektrisch stufenlos höhenverstellbare Tische, die einen Wechsel zwischen stehenden und sitzenden Tätigkeiten ermöglichen, sollten für ansonsten extrem bewegungsarme Computerarbeitsplätze verwendet werden, z. B. im Callcenter. • Tipp: Liegen erhebliche gesundheitliche Gründe vor, dass ein Mitarbeiter einen anderen Tisch benötigt, kann er ggf. hierfür einen Antrag bei seinem zuständigen Rentenversicherungsträger stellen.	☐	☐
Tischbreite/-tiefe		Der Tisch sollte i. d. R. mind. 160cm breit und mind. 80cm tief sein. Ausnahmen können durch die Tätigkeit begründet sein, z. B. bei Kurzzeitnutzung, Bedienmonitoren etc. Tipp: Sogenannte Freiformen, d. h. geschwungene oder vieleckige Tischformen nur ausnahmsweise wählen, da sie bei Umgestaltung und Umzügen die Flexibiltät und Kombinierbarkeit einschränken.	☐	☐
Beinraumabmessung		Der Beinraum sollte • mind. 58 cm breit, • mind. 65 cm hoch, • mind. 70 cm tief sein.	☐	☐
Arbeitsstuhl	Ist der vorhandene Arbeitsstuhl kippsicher und ermöglicht er eine ergonomisch günstige Sitzhaltung?	Mitarbeiter in die Verstellmöglichkeiten des Stuhls einweisen, zumindest Bedienungsanleitung zur Verfügung stellen.	☐	☐
Stuhlrollen		Der Arbeitsstuhl muss mit einem 5-armigen Fußkreuz mit lastabhängigen gebremsten Rollen ausgestattet sein. Achtung: Unterschiedliche Rollen für Teppich/glatte Böden berücksichtigen!	☐	☐
Rückenlehne		Die Rückenlehne muss in der Höhe und Tiefe verstellbar sein und im Bereich der Lendenwirbel eine konvex geformte Krümmung (zur Unterstützung der natürlichen Biegung der Wirbelsäule/Lendenlordose) aufweisen.	☐	☐

Mögliche Probleme	Fragen und Hinweise	Maßnahmen zur Verbesserung der Sicherheit	Geprüft	
			Ja	Nein
Sitzhöhe		Die Sitzhöhe muss zwischen 42 und 53 cm verstellbar sein. Hinweis: Sehr große Mitarbeiter über 185 cm benötigen ggf. einen Stuhl mit einer verlängerten Gasdruckfeder, um hoch genug sitzen zu können.	☐	☐
Dynamisches Sitzen		Dynamisches Sitzen bezeichnet bewegliches Sitzen, das durch eine abgestimmte Sitzmechanik unterstützt wird. Tipp:Neue Stühle kommen häufig in Extremeinstellungen ab Werk und müssen unbedingt an die Bedürfnisse des Mitarbeiters angepasst werden, damit der gesundheitlich förderliche Effekt zum Zuge kommen kann.	☐	☐
Fußstütze		Bei einer ergonomisch ungünstigen Sitzhaltung (Füße des Mitarbeiters stehen nicht ganzflächig auf dem Fußboden auf) muss eine Fußstütze zur Verfügung gestellt werden. Tipp: Die Füße sollten möglichst vollflächig auf der Fußstütze aufgestellt werden können.	☐	☐
Anordnung Monitor	Ist der Monitor ergonomisch günstig angeordnet?		☐	☐
Höhe Monitor		Der Monitor sollte in der Höhe so platziert werden, dass der Blickwinkel auf den Monitor 15°–30° schräg nach unten beträgt. Ausnahmen können durch Brillen/Sehfehler oder Muskel-Skelett-Erkrankungen notwendig sein. In diesen Fällen Beratung durch Arbeitsmediziner anbieten.	☐	☐
Sehabstand	Werden die Sehabstände nach der Sehaufgabe anstatt der Bildschirmgröße ausgerichtet?	Der Sehabstand sollte das Doppelte der sichtbaren Bildschirmdiagonale betragen, d. h., bei einem 15-Zoll-Bildschirm sollte der Sehabstand 70 cm betragen. Ausnahmen mit Begründung wie Sehfehler. Werden typische Bürotätigkeiten, bei denen Leseaufgaben im Vordergrund stehen, erledigt, haben sich Sehabstände von 500 bis 650 mm bewährt.	☐	☐
Blickwinkel auf den Monitor		Monitor so anordnen, dass von der Sitzposition geradeaus auf ihn geschaut wird. Seitliche Drehung in der Wirbelsäule vermeiden.	☐	☐
Ergonomie für die Hände – Tastatur und Maus	Ist die Tastatur vom Bildschirm getrennt und neigbar? Ist die Tastatur griffig, fühlbar eindeutig unterteilt, leichtgängig und erlaubt eine entspannte Haltung des Handgelenks? Ist die Mausgröße der Handgröße und Händigkeit des Benutzers anpassbar?	Beispiele: • Tastatur austesten lassen von den Nutzern, bevor größere Mengen beschafft werden • Sog. ergonomische Tastaturen haben häufig einen starren oder zu großen Winkel und sind für viele Menschen nicht geeignet • Ggf. Handballenauflage vor Tastatur und/oder Maus nutzen	☐	☐

Mögliche Probleme	Fragen und Hinweise	Maßnahmen zur Verbesserung der Sicherheit	Geprüft	
			Ja	Nein
	Liegt die Maus gut in der Hand? Können die Finger entspannt und schmerzfrei bewegt werden, ist das Handgelenk gerade ausgerichtet, rutscht die Maus störungsfrei, aber nicht zu schnell (führt zu Anspannung)?	• Mitarbeitern die Möglichkeit geben, spezielle Mausformen zu wählen • Tastaturen/Mäuse ggf. vorhandenen Behinderungen anpassen – nicht andersherum • Mousepad oder raue/nicht zu glatte Mauslauffläche nutzen		
Monitor	Ermöglicht der Monitor ein ergonomisch günstiges Arbeiten?		☐	☐
Auswahl Monitor		Bildschirmgröße und -form muss der Arbeitsaufgabe angemessen sein. Dies gilt beispielsweise auch für die Farbechtheit des Monitors. In der Regel sind Monitore Flachbildschirme. Sind Röhrenbildschirme nicht vermeidbar, müssen sie strahlungsarm sein und eine hohe Bildwiederholfrequenz aufweisen. Monitore müssen drehbar und neigbar sein. Monitore müssen individuell einstellbar sein (Helligkeit, Kontrast etc.).	☐	☐
Hardware	Sind alle Hardwarekomponenten mit einem CE- bzw. GS-Zeichen versehen?		☐	☐
Brandschutz	Werden die elektrischen Komponenten regelmäßig geprüft?		☐	☐
Software	Ist die Software den Aufgaben angemessen und bedienerfreundlich?	Software-Ergonomie bedeutet, dass ein Programm sich dem Bediener leicht erschließt, anpassungsfähig ist und bei der Arbeitsaufgabe unterstützt, nicht hindert. Die Anwendung des Programms muss geschult werden.	☐	☐
Kontrolleinrichtung		Falls Aktionen der Mitarbeiter durch ein Programm überwacht werden, so sind die Mitarbeiter darüber zu unterrichten.	☐	☐

Datum, Unterschrift des Prüfers ______________________________

Rechtliche Vorgaben und Informationen

Arbeitsstättenverordnung (ArbStättV) – u. a. Anhang Abschnitt 6 „Maßnahmen zur Gestaltung von Bildschirmarbeitsplätzen“

DGUV Information 215–410 „Bildschirm- und Büroarbeitsplätze: Leitfaden für die Gestaltung“
DGUV Information 250–007 DGUV Grundsatz für arbeitsmedizinische Untersuchungen „Bildschirmarbeitsplätze“

Checkliste

Sicherheits- und Gesundheitsschutzkennzeichnung

Firma/Einrichtung und Stempel

Firma/Einrichtung: ______________________________

Name des Prüfers: ______________________________

Ort/Datum: ______________________________ , den ______________

Nr.	Prüffragen	Geprüft		Maßnahmen bis wann
		Ja	Nein	
1.	Wurde vor der Entscheidung, eine Sicherheits- und Gesundheitsschutzkennzeichnung anzubringen, geprüft, ob die vorliegenden Gefahren nicht bereits durch organisatorische oder technische Schutzmaßnahmen beseitigt oder vermindert werden können?	☐	☐	
2.	Erfolgt die Sicherheits- und Gesundheitsschutzkennzeichnung auf der Grundlage der durchgeführten Gefährdungsbeurteilung?	☐	☐	
3.	Sind die gekennzeichneten Rettungswege und Notausgänge deutlich zu sehen und auch im Dunkeln erkennbar?	☐	☐	
4.	Werden die Rettungswege und Notausgänge immer frei gehalten?	☐	☐	
5.	Ist eine ausreichende Anzahl an Sicherheits- und Gesundheitsschutzkennzeichen angebracht? D. h., können diese von jeder Stelle des betroffenen Bereichs gesehen werden?	☐	☐	
6.	Sind bei der Auswahl der Sicherheitskennzeichnungen die zusätzlichen Anforderungen für hör- und sehbehinderte Mitarbeiter berücksichtigt worden? D.,h., werden diese Mitarbeiter durch zusätzliche oder alternative Kennzeichnungen (z. B. Schallzeichen für Sehbehinderte etc.) berücksichtigt?	☐	☐	
7.	Befinden sich die Erste-Hilfe-Einrichtung und das Erste-Hilfe-Material an Orten, die jederzeit gut erreichbar sind, und sind diese Orte gut sichtbar gekennzeichnet?	☐	☐	
8.	Verwenden Sie die genormten Kennzeichnungen entsprechend der ASR A1.3 „Sicherheits- und Gesundheitsschutzkennzeichnung"?	☐	☐	
9.	Verwenden Sie zur Regelung Ihres innerbetrieblichen Transports nur Verkehrszeichen des öffentlichen Straßenverkehrs, und sind die Verkehrswege durch farbige Bodenmarkierungen gekennzeichnet?	☐	☐	
10.	Ist gewährleistet, dass bestehende Gefahrenbereiche an diesen Verkehrswegen durch den Einsatz von entsprechenden Sicherheitskennzeichen gemindert werden können?	☐	☐	

FORUM

Nr.	Prüffragen	Geprüft		Maßnahmen bis wann
		Ja	Nein	
11.	Ist gewährleistet, dass keine veralteten Sicherheitskennzeichnungen mehr verwendet bzw. dass diese durch die aktuell gültigen ersetzt werden?	☐	☐	
12.	Wurde die Arbeitsstätte in Bezug auf unzweckmäßige Kennzeichnungen hin überprüft, und sind bestehende unzweckmäßige Kennzeichnungen zwischenzeitlich entfernt worden?	☐	☐	
13.	Wurden zwischenzeitlich vorgenommene betriebliche Veränderungen bezüglich der notwendigen Anpassung von Sicherheits- und Gesundheitsschutzkennzeichnungen berücksichtigt, und wurden bei Bedarf neue bzw. geänderte Kennzeichnungen angebracht?	☐	☐	
14.	Sind die Mitarbeiter über die Bedeutung der in der ASR A1.3 dargestellten Sicherheits- und Gesundheitsschutzkennzeichen, die in ihrem Arbeitsbereich verwendet werden, unterwiesen worden?	☐	☐	
15.	Erfolgt die Unterweisung der Mitarbeiter über die Bedeutung der Kennzeichnungen regelmäßig (jährlich)?	☐	☐	
16.	Ist gewährleistet, dass jeder neue Mitarbeiter für seinen Arbeitsbereich eine Erstunterweisung erhält, die über die Bedeutung der Sicherheits- und Gesundheitsschutzkennzeichnung aufklärt?	☐	☐	
17.	Ist gewährleistet, dass auch Leiharbeiter für ihre Arbeitsbereiche eine Erstunterweisung erhalten, die über die Bedeutung der Sicherheits- und Gesundheitsschutzkennzeichnung aufklärt?	☐	☐	
18.	Sind besondere Belange von Menschen mit Behinderungen bei der Sicherheits- und Gesundheitsschutzkennzeichnung berücksichtigt?	☐	☐	

Datum, Unterschrift des Prüfers ______________________________

Rechtliche Vorgaben und Informationen

Verordnung über Arbeitsstätten (ArbStättV)

ASR A1.3 „Sicherheits- und Gesundheitsschutzkennzeichnung“

ASR V3a.2 „Barrierefreie Gestaltung von Arbeitsstätten“

DGUV Information 211-041 „Sicherheits- und Gesundheitsschutzkennzeichnung“

Checkliste
Sicherheitsbeleuchtung

Firma/Einrichtung und Stempel

Firma/Einrichtung: ______________________

Name des Prüfers: ______________________

Ort/Datum: ______________________ , den ______________

Nr.	Prüffragen	Geprüft		Maßnahmen bis wann
		Ja	Nein	
Ist eine ausreichende Sicherheitsbeleuchtung vorhanden ...				
1.	...um das gefahrenlose Verlassen der Arbeitsstätte, insbesondere bei Ausfall der Allgemeinbeleuchtung, zu gewährleisten? Hinweis: z. B. bei hoher Personenbelegung, Flächenausdehnung, fehlendem Tageslicht, betrieblichen Gründen für Dunkelheit, Anwesenheit ortsunkundiger Personen, erhöhter Gefährdung, unübersichtlicher Fluchtwegeführung oder eingeschränkter Erkennbarkeit des Fluchtwegs	☐	☐	
2.	für Laboratorien, in denen es notwendig ist, dass Beschäftigte einen laufenden Versuch beenden oder unterbrechen müssen, um eine akute Gefährdung von Beschäftigten und Dritten zu verhindern? Hinweis: Solche akuten Gefährdungen können z. B. Explosionen oder Brände sowie das Freisetzen von Krankheitserregern oder giftigen, sehr giftigen oder radioaktiven Stoffen in Gefahr bringender Menge sein.	☐	☐	
3.	für Arbeitsplätze, die aus technischen Gründen dunkel gehalten werden müssen?	☐	☐	
4.	für elektrische Betriebsräume und Räume für haustechnische Anlagen?	☐	☐	
5.	für den unmittelbaren Bereich lang nachlaufender Arbeitsmittel mit nicht zu schützenden bewegten Teilen, die Gefährdungen für Sicherheit und Gesundheit der Beschäftigten verursachen können, z. B. Plandrehmaschinen?	☐	☐	
6.	für Bereiche in der Nähe heißer Bäder oder Gießgruben, die aus produktionstechnischen Gründen nicht durch Geländer oder Absperrungen gesichert werden können?	☐	☐	
7.	für Bereiche um Arbeitsgruben, die aus arbeitsablaufbedingten Gründen nicht abgedeckt sein können?	☐	☐	
8.	für Arbeitsplätze auf Baustellen? Hinweis: Nicht erforderlich, wenn durch das einfallende Tageslicht oder jahreszeitlich bedingt die Mindestbeleuchtungsstärke von 1 lx gegeben ist. Bei Bauarbeiten unter Tage sind mindestens 15 lx erforderlich.	☐	☐	
9.	Wurden besondere Anforderungen behinderter Personen an Fluchtwege und Notausgänge in Zusammenhang mit der Sicherheitsbeleuchtung berücksichtigt?	☐	☐	

Nr.	Prüffragen	Geprüft		Maßnahmen bis wann
		Ja	Nein	
Ist ein optisches Sicherheitsleitsystem vorhanden, bei erhöhter Gefährdung oder als Orientierungshilfe wie z. B. …				
10.	bei Wahrnehmung des Verlaufs und Begrenzung des Fluchtwegs?	☐	☐	
11.	bei der Wahrnehmung baulicher Einrichtungen, z. B. Türrahmen, Treppenstufen oder Bedienelementen?	☐	☐	
12.	bei der Orientierung bei Verrauchung?	☐	☐	
Anforderung an die Sicherheitsbeleuchtung und Richtwerte				
13.	Ist auf Grundlage der Gefährdungsbeurteilung die Beleuchtungsstärke der Sicherheitsbeleuchtung festgelegt worden?	☐	☐	
14.	Besteht auf Fluchtwegen einschließlich der außen angebrachten Treppen und der Sammelstellen mindestens eine Beleuchtungsstärke von 1 lx?	☐	☐	
15.	Erreicht bei Ausfall der Allgemeinbeleuchtung für Fluchtwege die erforderliche Beleuchtungsstärke der Sicherheitsbeleuchtung 50 % innerhalb von 5 s, 100 % der erforderlichen Beleuchtungsstärke nach 60 s? Hinweis: Die Sicherheitsbeleuchtung für Fluchtwege muss für die Dauer, die für das gefahrlose Verlassen der Arbeitsstätte ins Freie erforderlich ist, jedoch mindestens für einen Zeitraum von 30 min nach Ausfall der Allgemeinbeleuchtung, die erforderliche Beleuchtungsstärke erbringen.	☐	☐	
16.	Beträgt die Beleuchtungsstärke der Sicherheitsbeleuchtung für Fluchtwege mindestens 1 lx mit einer Gleichmäßigkeit (Verhältnis der maximalen zur minimalen Beleuchtungsstärke) weniger als 40:1? Hinweis: Die Beleuchtungsstärke ist auf der Mittellinie des Fluchtwegs in maximal 20 cm Höhe über dem Fußboden oder den Treppenstufen zu messen.	☐	☐	
17.	Wird die Farbwiedergabe der Sicherheitsbeleuchtung so gewählt, dass die Sicherheitsfarben erkennbar bleiben? Hinweis: Allgemeiner Farbwiedergabeindex Ra muss > 40 sein; keine Blendung der Beschäftigten.	☐	☐	
18.	Wird die Funktion der Sicherheitsbeleuchtung durch den Ausfall der allgemeinen Stromversorgung nicht beeinträchtigt? Hinweis: Diese Stromquelle darf nur dann zusätzlich für andere Zwecke verwendet werden, wenn die Verfügbarkeit für die Versorgung der Einrichtung für Sicherheitszwecke dadurch nicht beeinträchtigt wird.	☐	☐	
Anforderung an optische Sicherheitsleitsysteme				
19.	Wird die Erkennbarkeit des optischen Sicherheitsleitsystems nicht durch eine eventuell vorhandene Sicherheitsbeleuchtung beeinträchtigt?	☐	☐	
20.	Werden optische Sicherheitsleitsysteme so eingerichtet/betrieben, dass der Verlauf von Fluchtwegen, die Notausgänge sowie mögliche Gefahrstellen und Hindernisse erkannt werden können?	☐	☐	
21.	Erfolgt eine beidseitige Kennzeichnung der Hauptfluchtwege, wenn die Fluchtwegbreite mehr als 2,00 m beträgt? Hinweis: Vorzugsweise ist auch bei geringerer Breite der Hauptfluchtwege die Kennzeichnung beidseitig auszuführen.	☐	☐	
22.	Ist die Fluchtrichtung mithilfe der Sicherheitszeichen „Notausgang links/rechts“ (E001 bzw.	☐	☐	

Nr.	Prüffragen	Geprüft		Maßnahmen bis wann
		Ja	Nein	
	E002) i. V. m. einem Zusatzzeichen (Richtungspfeil) gemäß ASR A1.3 angegeben? Hinweis: Die Kennzeichnung ist im Verlauf des Hauptfluchtwegs und bei Richtungsänderungen anzubringen.			
23.	Wurden die Leitmarkierungen durchgehend und gut sichtbar im Verlauf des Hauptfluchtwegs auf dem Fußboden oder an Wänden angebracht? Hinweis: Die Oberkante der Markierung darf nicht höher als 40 cm über dem Fußboden liegen. Beim Einrichten von neuen Arbeitsstätten oder bei wesentlichen Änderungen ist es empfehlenswert, die Oberkante der Markierung nicht höher als 30 cm über dem Fußboden anzubringen.	☐	☐	
24.	Wurden die Leitmarkierungen durchgehend bis zum nächsten sicheren Bereich angebracht? Hinweis: Leitmarkierungen auf dem Boden werden als durchgehend angesehen, wenn mindestens drei Markierungen pro Meter in regelmäßigen Abständen angebracht sind. Die Markierungen müssen mindestens einen Durchmesser oder eine Kantenlänge von 5 cm haben.	☐	☐	
Langnachleuchtende Sicherheitsleitsysteme				
25.	Erfüllen langnachleuchtende Sicherheitsleitsysteme mindestens die Anforderungen der DIN 67510-1 Klasse C? Hinweis: Die ausreichende Anregung der langnachleuchtenden Materialien ist sicherzustellen. Die Funktionsweise des langnachleuchtenden Sicherheitsleitsystems ist durch Dokumentation des Herstellers oder eine Messung am Ort der Anwendung nach DIN ISO 16069 Anhang B nachzuweisen. Bei Verwendung von Einrichtungen, welche die Dauer der Anregung begrenzen, sind entsprechende Kompensationsmaßnahmen anzuwenden.	☐	☐	
26.	Hat die Leitmarkierung mindestens einen Durchmesser oder eine Breite und Höhe von 50 mm?	☐	☐	
27.	Wurden Rampen und Handläufe im Verlauf von Fluchtwegen in ihrer gesamten Länge gekennzeichnet?	☐	☐	
28.	Wurden Türen im Verlauf von Fluchtwegen und Notausstiege mit langnachleuchtendem Material umrandet? Hinweis: Die Umrandung muss mindestens eine Breite von 20 mm haben. Türgriffe und Notbetätigungseinrichtungen (z. B. Panikstangen) sind langnachleuchtend zu gestalten oder mit langnachleuchtendem Material hervorzuheben. Ggf. ist dabei die Richtung, in der die Türgriffe und Notbetätigungseinrichtungen zu betätigen sind, anzugeben.	☐	☐	
29.	Sind Gefahrenstellen und Hindernisse im Verlauf von Fluchtwegen deutlich und dauerhaft erkennbar? Hinweis: Dazu können Sicherheitsmarkierungen nach ASR A1.3 verwendet werden.	☐	☐	
30.	Werden langnachleuchtende Rettungszeichen, die Teil eines optischen Sicherheitsleitsystems sind, im Abstand von maximal 5 m im Verlauf des Fluchtwegs angebracht? Hinweis: Bei jeder Richtungsänderung des Fluchtwegs ist ein langnachleuchtendes Rettungszeichen vorzusehen.	☐	☐	
Elektrisch betriebene Sicherheitsleitsysteme				
31.	Werden innenbeleuchtete Rettungszeichen im Abstand von max. 10 m im Verlauf des Fluchtwegs angebracht? Hinweis: Bei jeder Richtungsänderung des Fluchtwegs ist ein innenbeleuchtetes Rettungszeichen vorzusehen.	☐	☐	
32.	Werden, um die Leitfunktion von innenbeleuchteten Rettungszeichen sicherzustellen,	☐	☐	

FORUM

Nr.	Prüffragen	Geprüft		Maßnahmen bis wann
		Ja	Nein	
	zusätzlich elektrisch betriebene Leitmarkierungen oder niedrig montierte Sicherheitsleuchten eingesetzt? Hinweis: Dabei darf der Abstand zwischen den Leitmarkierungen nicht mehr als 2,50 m betragen.			
33.	Wird bei in den Fußboden eingelassenen elektrisch betriebenen Leitmarkierungen die Leuchtdichte der abstrahlenden Fläche von der Leuchtdichte der umgebenden Flächen deutlich unterschieden, ohne zu blenden?	☐	☐	
34.	Wird die Funktion des Sicherheitsleitsystems durch den Ausfall der allgemeinen Stromversorgung nicht beeinträchtigt? Hinweis: Ein elektrisch betriebenes Sicherheitsleitsystem und eine Sicherheitsbeleuchtung können die gleiche Stromversorgung haben.	☐	☐	
Dynamische optische Sicherheitsleitsysteme				
35.	Sind alle verbundenen sicherheitsrelevanten Komponenten so gestaltet, dass auch bei Ausfall einzelner Komponenten die Funktionsfähigkeit des Gesamtsystems erhalten bleibt?	☐	☐	
36.	Wird die Richtungsangabe je nach Gefahrenlage geändert? Hinweis: Dieses kann sowohl automatisch als auch durch manuelle Eingabe erfolgen. Es ist sicherzustellen, dass hochmontierte Richtungsangaben dazu nicht im Widerspruch stehen.	☐	☐	
Betrieb, Instandhaltung, Prüfung				
37.	Wird die Sicherheitsbeleuchtung an die aktuelle Gefährdungssituation angepasst?	☐	☐	
38.	Werden Schäden, die die Funktionsfähigkeit beeinträchtigen können, unverzüglich beseitigt?	☐	☐	
39.	Werden die Sicherheitsbeleuchtung und das optische Sicherheitsleitsystem in regelmäßigen Abständen auf ihre Funktionsfähigkeit geprüft? Hinweis: Die Wartungs-, Prüf- und Dokumentationspflichten ergeben sich aus der Gefährdungsbeurteilung unter Berücksichtigung der Herstellerangaben und den anerkannten Regeln der Technik.	☐	☐	
40.	Werden festgestellte Mängel und Schäden umgehend sachgerecht beseitigt?	☐	☐	
Belange von Menschen mit Behinderungen				
41.	Wurden besondere Anforderungen behinderter Personen an Fluchtwege und Notausgänge in Zusammenhang mit der Sicherheitsbeleuchtung berücksichtigt?	☐	☐	

Datum, Unterschrift des Prüfers ______________________________

Rechtliche Vorgaben und Informationen

Arbeitsstättenverordnung (ArbStättV)
- u. a. Anhang 2.3 „Fluchtwege und Notausgänge" Anhang 3.4 „Beleuchtung und Sichtverbindung"

ASR A1.3 „Sicherheits- und Gesundheitsschutzkennzeichnung", ASR A2.3 „Fluchtwege und Notausgänge"
ASR A3.4 „Beleuchtung und Sichtverbindung", ASR V3a.2 „Barrierefreie Gestaltung von Arbeitsstätten"

DGUV Information 211-041 „Sicherheits- und Gesundheitsschutzkennzeichnung"
DGUV Information FBVW-202 „Sicherheitsbeleuchtung in den technischen Regeln für Arbeitsstätten"

Checkliste
Brandschutzbegehung

Firma/Einrichtung und Stempel

Firma/Einrichtung: ______________________

Name des Prüfers: ______________________

Ort/Datum: ______________________, den ______________

Nr.	Prüffragen	Geprüft		Maßnahmen bis wann
		Ja	Nein	
Organisation				
1.	Wurde eine Gefährdungsbeurteilung nach ASR A2.2 „Maßnahmen gegen Brände“ durchgeführt?	☐	☐	
2.	Ist die Aufgabenverteilung im Brandschutz geklärt und aktuell?	☐	☐	
3.	Ist die erforderliche Anzahl an Brandschutzhelfern bestellt (≥ 5 % der Beschäftigten)?	☐	☐	
4.	Wurden die Brandschutzhelfer fachkundig ausgebildet?	☐	☐	
5.	Ist eine ausreichende Anzahl von Beschäftigten mit den Feuerlöscheinrichtungen vertraut?	☐	☐	
6.	Gibt es unterwiesene Evakuierungshelfer zur Unterstützung bei der Evakuierung auf Hilfe angewiesener Personen und ortsunkundiger betriebsfremder Personen/Besucherinnen/Besucher?	☐	☐	
7.	Wurde geprüft, ob ein Brandschutzbeauftragter bestellt werden muss?	☐	☐	
8.	Ist die Brandschutzordnung (Teil A, B, C) aktuell?	☐	☐	
9.	Sind die Brandschutzpläne (Flucht- und Rettungspläne/Feuerwehrpläne, Alarmpläne) aktuell?	☐	☐	
10.	Wurde die regelmäßige Brandschutzunterweisung für alle Beschäftigten durchgeführt?	☐	☐	
11.	Wurde eine praktische Brandschutzübung für alle Beschäftigten durchgeführt?	☐	☐	
12.	Sind die Hinweise für das Verhalten im Brandfall vorhanden und aktuell?	☐	☐	
13.	Sind das Brandschutzkonzept/ Baugenehmigung/Pläne vorhanden?	☐	☐	
14.	Gibt es ein Evakuierungskonzept und wurde dieses eingeübt?	☐	☐	
15.	Wurden alle Auflagen vom Feuerversicherer erfüllt?	☐	☐	
16.	Wurden erforderliche Schutzmaßnahmen (z. B. das Erlaubnisscheinverfahren) festgelegt?	☐	☐	
17.	Wurde die Wirksamkeit der Schutzmaßnahmen überprüft?	☐	☐	

Nr.	Prüffragen	Geprüft		Maßnahmen bis wann
		Ja	Nein	
Ausstattung/Feuerschutzeinrichtungen				
18.	Entsprechen die vorhandenen Löschmitteleinheiten (LE) den Vorgaben der ASR A2.2?	☐	☐	
19.	Wurden alle Feuerlöscher richtig aufgehängt und befestigt, zugänglich, ordentlich gekennzeichnet und geprüft?	☐	☐	
20.	Sind die Feuerlöscher bezogen auf die Laufweglänge sinnvoll verteilt?	☐	☐	
21.	Ist die max. Entfernung zu einem Feuerlöscher 20 m?	☐	☐	
22.	Sind fahrbare Löschgeräte zugänglich?	☐	☐	
23.	Sind Wandhydranten/Außenhydranten zugänglich, vollständig und ordentlich gekennzeichnet?	☐	☐	
24.	Sind die Unterflurhydranten auf dem Betriebsgelände bei Schnee erkennbar (Schilder aufstellen)?	☐	☐	
25.	Sind alle Druckknopffeuermelder zugänglich und mit intakter Glasscheibe versehen?	☐	☐	
26.	Sind Alarmierungseinrichtungen (interner Hausalarm) vorhanden, zugänglich und funktionsfähig?	☐	☐	
27.	Sind bei Brandabschnittswänden alle Durchbrüche (Kabel- und Rohrleitungen) ordnungsgemäß geschlossen (Schottsystem mit F 90-Qualifikation)?	☐	☐	
28.	Wurde bei Feuerschutztüren Folgendes geprüft:			
	• Selbstschließfunktion der Türen gegeben?	☐	☐	
	• Fallen sicher ins Schloss?	☐	☐	
	• Der Schließfolgeregler ist in Ordnung?	☐	☐	
	• Die Handauslösung der Feststellanlage funktioniert?	☐	☐	
	• Die Feststellanlage wird regelmäßig geprüft?	☐	☐	
29.	Sind die Brandschutztüren entsprechend der Zulassung ausgeführt?	☐	☐	
Kennzeichnung				
30.	Ist die Kennzeichnung der Fluchtwege rechtskonform?	☐	☐	
31.	Ist die Kennzeichnung der Feuerlöscheinrichtungen rechtskonform?	☐	☐	
32.	Ist die Kennzeichnung der Feuermeldeeinrichtungen rechtskonform?	☐	☐	
Notausgänge, Fluchtwege				
33.	Sind die Notausgänge erkennbar?	☐	☐	
34.	Sind die Notausgänge frei zugänglich?	☐	☐	
35.	Lassen sich die Notausgänge von innen leicht und ohne fremde Hilfe mit einem Handgriff öffnen?	☐	☐	
36.	Lassen sich die Türen im Fluchtweg in Fluchtrichtung öffnen?	☐	☐	
37.	Sind die Fluchtwege brandlastfrei?	☐	☐	
38.	Sind die Fluchtwege ohne Stolperstellen?	☐	☐	
39.	Sind die Fluchtwege in voller Breite nutzbar und ausreichend breit?	☐	☐	

Nr.	Prüffragen	Geprüft		Maßnahmen bis wann
		Ja	Nein	
40.	Sind die zulässigen Fluchtweglängen eingehalten?	☐	☐	
Evakuierung				
41.	Ist die Feuerwehrzufahrt frei und benutzbar?	☐	☐	
42.	Ist der Sammelplatz vorhanden, gekennzeichnet, frei und benutzbar?	☐	☐	
Betriebliche Einrichtungen				
43.	Wurde bei Heizräumen geprüft, dass keine brennbaren Ablagerungen vorhanden sind und die Be- und Entlüftung frei sind?	☐	☐	
44.	Wurde bei Schaltschränken geprüft, dass die Schutzschalter in Ordnung sind und dass die Beschriftung vorhanden und aktuell ist?	☐	☐	
45.	Ist der Gashaupthahn frei zugänglich?	☐	☐	
Brennbare Stoffe, Flüssigkeiten, Gase				
46.	Werden Druckgasflaschen und Behälter für brennbare Flüssigkeiten in den vorgesehenen Räumen gelagert?	☐	☐	
47.	Werden brennbare Abfälle ordnungsgemäß aufbewahrt und regelmäßig entsorgt?	☐	☐	
48.	Werden selbstentzündliche Stoffe nach den Vorgaben u. a. der Gefahrstoffverordnung gelagert?	☐	☐	
49.	Ist nur Tagesbedarf an Gefahrstoffen am Arbeitsplatz verfügbar?	☐	☐	
50.	Erfolgt keine Lagerung brennbarer Materialien an den Außenwänden der Gebäude?	☐	☐	
Elektrische Anlagen/Geräte				
51.	Sind elektrische Geräte/Anlagen frei von sichtbaren Mängeln?	☐	☐	
52.	Werden die elektrischen Geräte im Unternehmen grundsätzlich regelmäßig geprüft?	☐	☐	
53.	Werden die ortsveränderlichen elektrischen Betriebsmittel entsprechend den einschlägigen Vorschriften geprüft?	☐	☐	
54.	Werden bei privat mitgebrachten Elektrogeräten (Kaffeemaschinen, Kochplatten, Tauchsiedern, Heizstrahlern) die standortbezogenen Vorschriften beachtet?	☐	☐	
Sonstiges				
55.	Sind keine Kerzen und auch keine brennbaren Dekorationen vorhanden?	☐	☐	
56.	Wird das Rauchverbot generell eingehalten?	☐	☐	
57.	Sind Raucherplätze ausgewiesen?	☐	☐	
58.	Erfolgt die Sammlung von Zigarettenkippen in selbstlöschenden Abfallsammelbehältern?	☐	☐	
59.	Wird das Verbot von offenem Feuer eingehalten?	☐	☐	
60.	Sind Aufzüge mit dem Hinweisschild „Aufzug im Brandfall nicht benutzen“ innen und außen gekennzeichnet?	☐	☐	

Nr.	Prüffragen	Geprüft		Maßnahmen bis wann
		Ja	Nein	
Durchführung Eigenkontrolle				
61.	Werden die Herstellervorgaben bei der Einhaltung von Wartungsfristen beachtet?	☐	☐	
62.	Wird die Sicherheitsbeleuchtung regelmäßig geprüft?	☐	☐	
63.	Wird die Brandmeldeanlage regelmäßig geprüft?	☐	☐	
64.	Werden die Rauchabzugsklappen regelmäßig geprüft?	☐	☐	
65.	Werden die Brandschutztüren regelmäßig geprüft?	☐	☐	
Belange von Menschen mit Behinderung				
66.	Sind besondere Anforderungen von Menschen mit Behinderung an Fluchtwege und Notausgänge sowie Sicherheitskennzeichnungen berücksichtigt worden?	☐	☐	

Datum, Unterschrift des Prüfers ______________________________

Rechtliche Vorgaben und Informationen

Arbeitsschutzgesetz (ArbSchG) – u. a. § 10 Erste Hilfe und sonstige Notfallmaßnahmen

ASR A2.2 „Maßnahmen gegen Brände“
ASR V3a.2 „Barrierefreie Gestaltung von Arbeitsstätten“

DGUV Vorschrift 1 „Grundsätze der Prävention“
DGUV Information 205-001 „Betrieblicher Brandschutz in der Praxis“
DGUV Information 205-023 „Brandschutzhelfer: Ausbildung und Befähigung“
DGUV Information 205-033 „Alarmierung und Evakuierung“

VDI 4062 „Evakuierung von Personen im Gefahrenfall“

Checkliste

Wartungs- und Instandhaltungsintervalle brandschutztechnischer Einrichtungen

Firma/Einrichtung und Stempel

Firma/Einrichtung: ______________________________

Name des Prüfers: ______________________________

Ort/Datum: ______________________________ , den ______________

Prüfgegenstand	Art und Umfang der Prüfung	Prüfintervall/ Ausführender bzw. Prüfer	Erledigt	Nächster Prüfter-min	Unterschrift
Aufzugsbrandfallsteuerungen	Betriebssicherheit und Wirksamkeit (vorschriftsmäßige Ansteuerung)	Vor Inbetriebnahme, nach wesentlichen Änderungen, wiederkehrend 36 Monate durch einen Sachverständigen	☐		
Blitzschutzanlagen	Betriebssicherheit und Wirksamkeit, vorschriftsmäßige Ausführung, Erhaltungszustand	Vor Inbetriebnahme, nach wesentlicher Änderung, wiederkehrend bis 60 Monate gemäß Prüffristermittlung, gemäß normativer Festlegung durch einen Sachkundigen	☐		
Brandmelde- und Alarmierungsanlagen (Gefahrmeldeanlagen)	Betriebssicherheit und Wirksamkeit (vorschriftsgemäßer Einbau, Funktion, Ansteuerungen, Aufschaltung)	Vor Inbetriebnahme, nach wesentlicher Änderung, wiederkehrend 36 Monate durch einen Sachverständigen	☐		
CO-Warnanlagen	Betriebssicherheit und Wirksamkeit (Anordnung und Anzahl der Messstellen, Überprüfung der Schaltpunkte für die Ventilatoren)	Vor Inbetriebnahme, nach wesentlicher Änderung, wiederkehrend 36 Monate durch einen Sachverständigen	☐		
Fenster, Türen und Tore (automatische Schiebetüren in Flucht- und Rettungswegen)	Betriebssicherheit und Wirksamkeit	Vor Inbetriebnahme, nach wesentlicher Änderung, wiederkehrend (36 Monate) durch einen Sachkundigen	☐		
Fenster, Türen und Tore (elektrische Türverriegelungen in Rettungswegen)	Betriebssicherheit und Wirksamkeit	Vor Inbetriebnahme, nach wesentlicher Änderung, wiederkehrend (36 Monate) durch einen Sachkundigen	☐		
Feuerlöscher	Sichtprüfungen Auf Funktionsfähigkeit	Regelmäßig durch den Betreiber Alle zwei Jahre	☐		

Prüfgegenstand	Art und Umfang der Prüfung	Prüfintervall/ Ausführender bzw. Prüfer	Erledigt	Nächster Prüftermin	Unterschrift
Feuerlöschanlagen ortsfest – selbsttätig (automatisch auslösende, stationäre Anlagen wie Sprinkleranlagen, Sprühwasser-, Schaum-, Gas- oder Pulverlöschanlagen)	Betriebssicherheit und Wirksamkeit (vorschriftsgemäßer Einbau)	Vor Inbetriebnahme, nach wesentlicher Änderung, wiederkehrend 36 Monate durch einen Sachverständigen (Gaslöschanlagen: zwei Jahre)	☐		
Feuerlöschanlagen ortsfest – nicht selbsttätig (Wandhydranten)	Betriebssicherheit und Wirksamkeit (vorschriftsgemäßer Einbau)	Vor Inbetriebnahme, nach wesentlicher Änderung, wiederkehrend 72 Monate durch einen Sachverständigen bei stationären Wandhydrantenanlagen bzw. Sachkundigen z. B. bei halbstationären Löschanlagen, ortsfeste mit trockenen Steigleitungen ohne Druckerhöhung	☐		
Lüftungstechnische Anlagen	Betriebssicherheit und Wirksamkeit (Ermittlung der Luftmengen, Raumluftzustände, Luftverteilung, Zustandsbeurteilung der Anlagenteile, Überprüfung der Regelungen, Prüfung von Brandschutzklappen hinsichtlich Einbau und Funktion) im Zusammenhang mit Explosionsschutz	Vor Inbetriebnahme, nach wesentlicher Änderung, wiederkehrend 36 Monate durch einen Sachverständigen	☐		
Rauchabzugsanlagen und -vorrichtungen sowie Anlagen zur Rauchfreihaltung von Rettungswegen (natürliche und maschinelle Rauchabzugsanlagen und -vorrichtungen sowie Überdruckanlagen)	Betriebssicherheit und Wirksamkeit (richtiger Einbau, Funktion, Dimensionierung)	Vor Inbetriebnahme, nach wesentlicher Änderung, wiederkehrend meist 36 Monate durch einen Sachkundigen bzw. Sachverständigen (bundeslandabhängig)	☐		
Sicherheitsbeleuchtung und Sicherheitsstromversorgung	Betriebssicherheit und Wirksamkeit (vorschriftsgemäßer Einbau, Funktion, Ansteuerungen, Aufschaltung)	Vor Inbetriebnahme, nach wesentlicher Änderung, wiederkehrend 36 Monate durch einen Sachverständigen	☐		
Sicherheitskennzeichnung	Vorhandensein, Aktualität und Normgerecht, Funktionalität und Defekte	Alle zwei Jahre durch den Betreiber	☐		

Datum, Unterschrift des Prüfers ______________________________

Informationen
DGUV Information 205-040 „Prüffristen im Brandschutz“ / mit Verweis auf 205-040-Tabellen – alle mit Fristen für die Prüfung und Instandhaltung
VdS-Richtlinien der VdS Schadenverhütung GmbH

Checkliste
Flucht- und Rettungspläne

Firma/Einrichtung und Stempel

Firma/Einrichtung: ____________________

Name des Prüfers: ____________________

Ort/Datum: ____________________ , den ____________

Aufstellen der Flucht- und Rettungspläne ergibt sich aus § 4 Abs. 4 ArbStättV. Gestaltungsgrundlagen gibt die DIN ISO 23601 Sicherheitskennzeichnung – Flucht- und Rettungspläne vor. Nutzer einer baulichen Anlage sollen über die Fluchtwege, über die Evakuierung und Brandbekämpfungseinrichtungen informiert werden. Es wird empfohlen, Hinweise für den Notruf (5 W-Fragen) in die Pläne aufzunehmen. Die Pläne sollen im Notfall auch von Rettungskräften genutzt werden können.

Es ist zu prüfen, ob zusätzliche Anforderungen nach § 10 Arbeitsschutzgesetz erforderlich sind, z. B. das Fertigen von betrieblichen Alarm- und Gefahrenabwehrplänen, Evakuierungsplänen oder einer Brandschutzordnung.

Nr.	Prüffragen	Ja	Nein	Maßnahmen bis wann
1.	Flucht- und Rettungspläne sind aufzustellen, wenn Lage, Ausdehnung und Art der Benutzung der Arbeitsstätte dies erfordern.			
	• Gibt es Bereiche mit unübersichtlicher Fluchtwegführung (z. B. über Zwischengeschosse, durch größere Räume, mit Abweichungen von den üblicherweise genutzten Verkehrswegen)?	☐	☐	
	• Gibt es Bereiche mit einem hohen Anteil an ortsunkundigen Personen (z. B. Publikum, Gäste, externe Dienstleister)?	☐	☐	
	• Gibt es Bereiche mit erhöhter Gefährdung (z. B. Räume mit erhöhter Brandgefährdung ohne selbsttätige Feuerlöscheinrichtungen oder Räume, in denen eine Gefährdung durch explosionsgefährliche Stoffe entstehen kann)?	☐	☐	
	• Kann es Gefährdungen durch benachbarte Arbeitsstätten geben (z. B. Arbeitsstätten mit explosions- bzw. brandgefährdeten Anlagen oder solche, in denen Stoffe freigesetzt werden können)?	☐	☐	
2.	Ist der Flucht- und Rettungsplan übersichtlich, gut lesbar und farblich gestaltet?	☐	☐	
3.	Sind Sicherheitsfarben, Rettungs- und Brandschutzzeichen verwendet?	☐	☐	
4.	Enthält der Flucht- und Rettungsplan eine Übersichtsskizze zur Lage im Gebäude?	☐	☐	
5.	Sind Angaben zu Notausgängen enthalten?	☐	☐	
6.	Ist für den Grundriss ein Mindestmaßstab von 1:100 für kleine und mittlere und 1:250 für große Gebäude gewählt worden?	☐	☐	

FORUM

04/2025

Nr.	Prüffragen	Ja	Nein	Maßnahmen bis wann
7.	Ist ein Format von mindestens DIN A3 verwendet?	☐	☐	
8.	Enthält der Flucht- und Rettungsplan eindeutige Anweisungen zum Verhalten im Gefahrenfall, um vom Arbeitsplatz oder dem jeweiligen persönlichen Standort in den sicheren Bereich oder ins Freie zu gelangen?	☐	☐	
9.	Ist der Standort des Betrachters im Flucht- und Rettungsplan gekennzeichnet?	☐	☐	
10.	Sind Sammelstellen gekennzeichnet?	☐	☐	
11.	Sind gemäß den Bedingungen der Arbeitsstätte in den verschiedenen Bereichen genügend Flucht- und Rettungspläne angebracht?	☐	☐	
12.	Sind die Flucht- und Rettungspläne an geeigneten Stellen ausgehängt (in Bereichen, an denen sich häufiger Personen aufhalten z. B. vor Aufzugsanlagen, in Eingangsbereichen, vor Zugängen zu Treppen, an Kreuzungspunkten von Verkehrswegen)?	☐	☐	
13.	Enthält der Flucht- und Rettungsplan Regeln für das Verhalten im Brandfall und bei Unfällen? Sind die Standorte von Erste-Hilfe- und Brandschutzeinrichtungen ersichtlich?	☐	☐	
14.	Ist der Flucht- und Rettungsplan aktuell gehalten?	☐	☐	
15.	Werden in angemessenen Zeitabständen Übungen gemäß dem Flucht- und Rettungsplan durchgeführt?	☐	☐	
16.	Sind aufgrund besonderer Gefährdungen, örtlicher Gegebenheiten oder der Nutzungsart schwierige Bedingungen im Gefahrenfall möglich, die das Aufstellen weiterer Pläne erfordern, z. B. betriebliche Alarm- und Gefahrenabwehrpläne, Brandschutzordnungen oder Evakuierungspläne?	☐	☐	
17.	Ist der Flucht- und Rettungsplan mit Plänen nach anderen Rechtsvorschriften, z. B. den Alarm- und Gefahrenabwehrplänen nach der Störfall-Verordnung, verknüpft?	☐	☐	
18.	Enthält der Flucht- und Rettungsplan Angaben zum Objekt und eine Legende?	☐	☐	

Datum, Unterschrift des Prüfers ______________________________

Checkliste

Erste-Hilfe-Material

Firma/Einrichtung und Stempel

Firma/Einrichtung: ______________________________

Prüfobjekt: ______________________________

Name des Prüfers: ______________________________

Ort/Datum: ______________________, den ____________

Nr.	Prüffragen	Geprüft		Maßnahmen bis wann
		Ja	Nein	
1.	Wird in Ihrem Betrieb ausreichendes Erste-Hilfe-Material bereitgehalten?	☐	☐	
2.	Ist das Erste-Hilfe-Material jederzeit leicht zugänglich?	☐	☐	
3.	Ist das Erste-Hilfe-Material gegen schädigende Einflüsse, insbesondere Verunreinigungen, Nässe und hohe Temperaturen, geschützt?	☐	☐	
4.	Wird das Erste-Hilfe-Material rechtzeitig ergänzt und erneuert?	☐	☐	
5.	Sind keine Medikamente im Erste-Hilfe-Material enthalten? (Bei betriebsspezifischen Gefahren, z. B. im Hinblick auf Einwirkungen gesundheitsgefährlicher Stoffe, können geeignete Medikamente zum Erste-Hilfe-Material gehören. Sie sind zur ausschließlichen Verfügung durch geschultes Personal und den Arzt bereitzuhalten.)	☐	☐	
6.	Sind Erste-Hilfe-Einrichtungen sowie Aufbewahrungsorte von Erste-Hilfe-Material, d. h. auch Verbandkästen, deutlich erkennbar und dauerhaft durch ein weißes Kreuz auf grünem Feld gekennzeichnet?	☐	☐	

Verbandkästen nach DIN 13157 („kleiner Verbandkasten“) und DIN 13169 („großer Verbandkasten“)

Art des Betriebs	Anzahl der Verbandkästen mit Füllung laut DIN		
	DIN 13157	DIN 13169	DIN 13169
Baustellen	einer bis 10 Versicherte	einer für 11 bis 50 Versicherte	+ ein weiterer je 50 weitere Versicherte
Herstellungs- und Verarbeitungsbetriebe	einer bis 20 Versicherte	einer für 21 bis 100 Versicherte	+ ein weiterer je 100 weitere Versicherte
Verwaltungs- und Handelsbetriebe	einer bis 50 Versicherte	einer für 51 bis 300 Versicherte	+ ein weiterer je 300 weitere Versicherte
Übrige Betriebe	einer	-	-

Datum, Unterschrift des Prüfers ______________________________

Bezeichnung	Stückzahl laut DIN		
	13157	13169	13164
	Betr. < 50 Schulen	Betr. < 50	Kfz
Heftpflaster DIN 13019 – A5 m × 2,5 cm	1	2	1
Wundschnellverband DIN 13019 – E 100 cm × 8 cm, wasserfest	-	-	-
Wundschnellverband DIN 13019 – E 10 cm × 6 cm	12	24	4
Fingerkuppenverband	6	12	2
Wundschnellverband DIN 13019 – E 18 cm × 2 cm	-	-	-
Fingerverband – 120 mm × 20 mm	6	12	2
Pflasterstrip – 19 mm × 72 mm	6	12	2
Pflasterstrip – 25 mm × 72 mm	12	24	4
Verbandpäckchen DIN 13151 – K	1	2	1
Verbandpäckchen DIN 13151 – M	3	6	2
Verbandpäckchen DIN 13151 – G	1	2	1
Verbandtuch DIN 13152 – BR (40 x 60 cm)	-	-	-
Verbandtuch DIN 13152 – A (60 x 80 cm)	1	2	1
Verbandtuch DIN 13152 – B	-	-	-
Kompresse – 100 mm × 100 mm	6	12	6
Augenkompresse – einzeln steril verpackt, Mindestmaße 50 mm × 70 mm	2	4	-
Kälte-Sofortkompresse – Fläche mind. 200 cm²	1	2	-
Rettungsdecke – 2,1 m × 1,6 m	1	2	1
Fixierbinde DIN 61634 – FB 6	2	4	2
Netzverband für Extremitäten – mind. 4 m gedehnt	-	-	-
Dreiecktuch DIN 13168 – D	2	4	1
Schere DIN 58279 – B 190	1	1	1*
Fingerling, groß	-	-	-
Folienbeutel – mind. 300 mm × 400 mm	2	4	-
Vliesstoff-Tuch – mind. 200 mm × 300 mm	5	10	-
Einmalhandschuh nach DIN EN 455	4	8	4
Diagnostikleuchte	-	-	-
Verletztenanhängekarte	-	-	-
Feuchttuch zur Reinigung unverletzter Haut	4	8	2
Erste-Hilfe-Broschüre – Anleitung zur Ersten Hilfe bei Unfällen	1	1	1
Gesichtsmaske, mind. Typ 1, nach DIN EN 14683	2	4	2
Inhaltsverzeichnis	1	1	1

* hier: Verbandkastenschere DIN 58279 – A 145

Normen für Verbandkästen mit aktualisierten Stückzahlen

DIN 13157:2021-11 – Verbandkasten C
Kleiner Verbandkasten
Für Erste Hilfe am Unfallort zum Einsatz in Betrieben, auf Baustellen, in Schulen und in Tageseinrichtungen für Kinder

DIN 13169:2021-11 – Verbandkasten E
Großer Verbandkasten
Für Erste Hilfe am Unfallort zum Einsatz in Betrieben, auf Baustellen, in Schulen und in Tageseinrichtungen für Kinder

Aufgrund Gefährdungsbeurteilung zusätzlich

- Medizinische Geräte und Hilfsmittel (Sauerstoffmaske, Beatmungsmaske, automatisierter externer Defibrillator usw.)
- Antidote (Gegenmittel bzw. neutralisierende Stoffe bei Vergiftungen)

DIN 13164:2022-02 – Verbandkasten B
Vorgesehen für Kraftfahrzeuge

Weitere Normen für Verbandkästen

DIN 14142:2025-03 – Verbandkasten für Feuerwehrfahrzeuge

DIN 13155:2018-11 – Sanitätskoffer für Sanitäter

Zurückgezogene Norm

DIN 13160 – Sanitätstasche
Wurde bspw. an Schulen an Wandertagen verwendet

Weitere Information

DGUV Information 204-007
Handbuch zur Ersten Hilfe

Checkliste
Notfallmaßnahmen

Firma/Einrichtung und Stempel

Firma/Einrichtung: ______________________________

Name des Prüfers: ______________________________

Ort/Datum: ______________________________, den ______________

Nr.	Prüffragen	Ja	Nein	Nicht zutreffend	Maßnahmen bis wann
1.	Existieren Meldeeinrichtungen (Sirenen etc.), um Beschäftigte vor Gefahren zu warnen?	☐	☐	☐	
2.	Sind Detektoren/Messgeräte etc. vorhanden, um Gefahren rechtzeitig zu erkennen?	☐	☐	☐	
3.	Existieren Einrichtungen, mit welchen die Beschäftigten Rettungskräfte alarmieren können?	☐	☐	☐	
4.	Sind die geeigneten Löschmittel vorhanden und die gefährlichen Eigenschaften der verwendeten Stoffe bekannt?	☐	☐	☐	
5.	Ist eine ausreichende Anzahl an Feuerlöschern mit dem/den geeigneten Löschmittel/-n vorhanden?	☐	☐	☐	
6.	Ist eine Überprüfung erfolgt, ob weitere Löscheinrichtungen notwendig sind?	☐	☐	☐	
7.	Sind die Rettungswege festgelegt und deutlich gekennzeichnet?	☐	☐	☐	
8.	Sind die Rettungswege frei von Hindernissen und Brandlasten?	☐	☐	☐	
9.	Werden die Anforderungen an Rettungswege (Fluchtwege), Notausgänge und Sammelstellen eingehalten?	☐	☐	☐	
10.	Gibt es Flucht- und Rettungspläne, Alarmpläne und ggf. Feuerwehrpläne/Brandschutzpläne?	☐	☐	☐	
11.	Gibt es Notrufmöglichkeiten für allein arbeitende Personen?	☐	☐	☐	
12.	Sind die Brandabschnitte im Gebäude bekannt?	☐	☐	☐	
13.	Ist die Abschottung der Brandabschnitte ordnungsgemäß und intakt?	☐	☐	☐	
14.	Erfolgte ein Anbringen der erforderlichen Rettungszeichen (Kennzeichnung von Fluchtwegen) und Warnzeichen?	☐	☐	☐	
15.	Werden Brandschutztüren und die Türen von Sicherheitsschränken geschlossen gehalten?	☐	☐	☐	
16.	Erfolgte eine Überprüfung, ob NOT-AUS-Schalter für Gase etc. vorgeschrieben/notwendig sind und ob diese erforderlichenfalls vorhanden sind?	☐	☐	☐	

Nr.	Prüffragen	Ja	Nein	Nicht zutreffend	Maßnahmen bis wann
17.	Erfolgte eine Überprüfung, ob NOT-AUS-Schalter für Strom vorgeschrieben/notwendig sind und ob diese erforderlichenfalls vorhanden sind?	☐	☐	☐	
18.	Ist sichergestellt, dass ein NOT-AUS nur aufgehoben werden kann, wenn die nachfolgende Installation in Ordnung ist?	☐	☐	☐	
19.	Erfolgt eine regelmäßige Kontrolle der Rettungswege, Notausgänge und Notduschen?	☐	☐	☐	
20.	Erfolgt eine regelmäßige Wartung/Kontrolle der Notfalleinrichtungen (Brandschutzklappen, Auslöser für Brandschutztüren etc.)?	☐	☐	☐	
21.	Ist eine ausreichende Helferzahl (Ersthelfer, Brandschutzhelfer, Evakuierungshelfer) geschult und benannt?	☐	☐	☐	
22.	Erfolgen die geforderten Unterweisungen und Notfallübungen und sind diese dokumentiert?	☐	☐	☐	
23.	Sind die notwendigen Mittel für die Erste Hilfe vorhanden?	☐	☐	☐	
24.	Gibt es Absperrbänder oder Schilder, um Beschäftigten den Zugang zum abgesperrten Bereich zu untersagen?	☐	☐	☐	
25.	Ist geregelt, wer nach einem Notfall die betroffenen Bereiche wieder freigeben darf?	☐	☐	☐	
26.	Ist klar geregelt, wer nach einem Notfall den betroffenen Bereich betreten darf?	☐	☐	☐	
27.	Werden die Sicherheitsschränke jährlich kontrolliert/gewartet?	☐	☐	☐	
28.	Bestehen Regelungen zur Information der Umweltbehörden?	☐	☐	☐	
29.	Ist die Zuständigkeit bei Erteilung der Auskunft an Ermittlungsbehörden geregelt?	☐	☐	☐	
30.	Ist bekannt, wie und wann Unfallanzeigen erstellt werden müssen?	☐	☐	☐	
31.	Werden die Meldepflichten der Gefahrstoffverordnung eingehalten?	☐	☐	☐	
32.	Ist geregelt/festgelegt, welche Versicherungen in welchen Fristen bei einem Unfall mit Personenschaden informiert werden müssen?	☐	☐	☐	
33.	Gibt es ein Notfallmanagement für Betriebsfremde?	☐	☐	☐	
34.	Sind besondere Belange von Menschen mit Behinderung berücksichtigt?	☐	☐	☐	

Datum, Unterschrift des Prüfers ______________________________

Rechtliche Vorgaben und Informationen

Arbeitsstättenverordnung (ArbStättV) / Gefahrstoffverordnung (GefStoffV) – § 13 „Betriebsstörungen, Unfälle und Notfälle“
ASR A2.2 „Maßnahmen gegen Brände“ – Abschnitt 7 / ASR A2.3 „Fluchtwege und Notausgänge“
ASR A4.3 „Erste-Hilfe-Räume und Erste Hilfe “ / ASR V3a.2 „Barrierefreie Gestaltung von Arbeitsstätten“
TRGS 500 „Schutzmaßnahmen“ – Abschnitt 10 „Maßnahmen bei Betriebsstörungen, Unfällen und Notfällen“
DGUV Information 212-139 „Notrufmöglichkeiten für allein arbeitende Personen“

Checkliste

Lärm

Firma/Einrichtung und Stempel

Betriebsbereich:	
Betrachtungseinheit:	
Erstellt durch:	
Ort und Datum der Prüfung:	

Nr.	Prüffragen	Ja	Nein	Nicht zutref-fend	Maßnahmen bis wann
Lärmquellen. Es sollte überprüft werden,					
1.	ob Maßnahmen getroffen sind, um als Lärm empfundene Geräusche auf den niedrigsten Pegel zu senken.	☐	☐	☐	
2.	ob Lärmbereiche ermittelt wurden.	☐	☐	☐	
3.	ob dominierende Lärmquellen räumlich getrennt aufgestellt, abgeschirmt oder gekapselt sind.	☐	☐	☐	
4.	ob zusätzliche Schallquellen mit Gehörgefährdung berücksichtigt, verboten oder leise eingestellt sind (z. B. Radiogeräte am Arbeitsplatz).	☐	☐	☐	
5.	ob für Arbeitsmittel aus der Betriebsanleitung bzw. technischen Dokumentation Angaben zur Geräuschemission bekannt sind.	☐	☐	☐	
6.	ob bei der Beschaffung neuer Arbeitsmittel Geräuschemissionen unter Betriebs- und Aufstellungsbedingungen erfragt worden sind.	☐	☐	☐	
7.	ob die Rettungswege festgelegt und deutlich gekennzeichnet sind.	☐	☐	☐	
8.	ob das Entstehen von extrem hohen Schallspitzenpegeln verhindert wird.	☐	☐	☐	
9.	ob Maßnahmen zur Verminderung der Schallreflexionen ergriffen werden.	☐	☐	☐	
Prävention. Es sollte überprüft werden,					
10.	ob bei Erreichen oder Überschreiten des Tages-Lärmexpositionspegels von 85 dB(A) bzw. des Spitzenschallpegels von 135 dB(A) die Beschäftigten über Lärmgefährdung und Schutzmaßnahmen unterwiesen werden?	☐	☐	☐	
11.	ob bei Erreichen oder Überschreiten des Tages-Lärmexpositionspegels von 85 dB(A) bzw. des Spitzenschallpegels von 135 dB(A)	☐	☐	☐	
	• ein Angebot zu arbeitsmedizinischen Vorsorgeuntersuchungen nach DGUV Empfehlung „Lärm“ (Nachfolgeregelung der G 20) gemacht wird,	☐	☐	☐	
	• geeigneter Gehörschutz zur Verfügung gestellt wird.	☐	☐	☐	

Nr.	Prüffragen	Ja	Nein	Nicht zutref-fend	Maßnahmen bis wann
12.	ob Mitarbeiter in die Auswahl von Gehörschutz mit einbezogen werden.	☐	☐	☐	
13.	ob bei Erreichen oder Überschreiten des Tages-Lärmexpositionspegels von 85 dB(A) bzw. des Spitzenschallpegels von 135 dB(A) • Gehörschutz benutzt wird (Gehörschutzstöpsel, Kapselgehörschützer), • arbeitsmedizinische Vorsorgeuntersuchungen nach DGUV Empfehlung „Lärm" (Nachfolgeregelung der G 20) veranlasst werden, • Lärmbereiche gekennzeichnet sind (Gebotszeichen M 03 „Gehörschutz benutzen"), • ein Programm zur Verringerung der Lärmexposition erstellt wird.	☐ ☐ ☐ ☐ ☐	☐ ☐ ☐ ☐ ☐	☐ ☐ ☐ ☐ ☐	
14.	ob Gefahrensignale trotz Betriebslärm wahrnehmbar sind.	☐	☐	☐	

Empfohlene Schutzmaßnahmen:

- Personenbezogene Tages-Lärmexpositionspegel ermitteln
- Arbeitszeiten in Lärmbereichen reduzieren
- Maschinen mit geringen Geräuschemissionen bei Neuanschaffung bevorzugen
- Sicherheitsunterweisungen durchführen
- Vorsorgeuntersuchungen (G20) anbieten und durchführen
- Persönliche Schutzausrüstung bereitstellen (Gehörschutz)

Datum, Unterschrift des Prüfers ____________________

Rechtliche Vorgaben und Informationen

Verordnung zur arbeitsmedizinischen Vorsorge (ArbMedVV)
Verordnung zum Schutz der Beschäftigten vor Gefährdungen durch Lärm und Vibrationen (LärmVibrationsArbSchV)

Technische Regeln zur Lärm- und Vibrations-Arbeitsschutzverordnung (TRLV)
TRLV Lärm Teil Allgemeines, TRLV Lärm Teil 1 (Beurteilung der Gefährdung durch Lärm)
TRLV Lärm Teil 2 (Messung von Lärm), TRLV Lärm Teil 3 (Lärmschutzmaßnahmen)

DGUV Information 209-023 „Lärm am Arbeitsplatz"

Checkliste

Stolpern, Rutschen, Stürzen

Firma/Einrichtung und Stempel

Nr.	Prüffragen	Geprüft? Ja	Geprüft? Nein	Maßnahmen bis wann
Organisation				
1.	Sind Ihnen Anzahl und Kosten der Stolperunfälle in Ihrem Unternehmen bekannt und wissen Sie, wo sich diese Unfälle ereignet haben?	☐	☐	
2.	Ist bekannt, dass zu den häufigsten Unfallursachen zählen			
	• Verkehrswege zu eng bemessen	☐	☐	
	• zusätzliche Verengung durch abgestellte Güter	☐	☐	
	• ungenügende räumliche Trennung zwischen Verkehrswegen und benachbarten Arbeitsplätzen und Lagerflächen	☐	☐	
	• ungenügende Kennzeichnung	☐	☐	
	• ungenügende Trittsicherheit	☐	☐	
	• ungenügende Sichtverhältnissse an Ausfahrten/Kreuzungen (fehlende Spiegel)?	☐	☐	
3.	Sind die Verkehrswege in Ihrem Betrieb so beschaffen, dass sie ohne Ausgleiten, Stolpern, Umknicken begangen werden können?	☐	☐	
4.	Ist eine ausreichende Reibung zwischen Schuhwerk und Trittflächen gegeben?	☐	☐	
5.	Werden rutschhemmende Fußböden bevorzugt (z. B. rau, körnig, profiliert)?	☐	☐	
6.	Werden Ausgleitgefahren wie Öle und Fette, aber auch Eis und Schnee auf Verkehrswegen von vornherein verhindert bzw. rasch unwirksam gemacht (z. B. Binde-/Streumittel)?	☐	☐	
7.	Werden Verkehrswege nicht als Abstellflächen zweckentfremdet?	☐	☐	
8.	Werden sperrige Abfälle, Paletten, heruntergefallenes Ladegut etc. unverzüglich von den Verkehrswegen entfernt?	☐	☐	
9.	Werden aus Stolperunfällen systematisch Lehren gezogen und werden diese dazu benutzt, die Stolperstellen zu eliminieren?	☐	☐	
10.	Haben Sie eine Person oder Stelle bezeichnet, bei der Stolperfallen gemeldet werden können und die für die schnelle Behebung der Gefahr zuständig ist?	☐	☐	

Nr.	Prüffragen	Geprüft?		Maßnahmen bis wann
		Ja	Nein	
11.	Sind die Führungskräfte beauftragt, ständig auf Stolperfallen zu achten und deren Eliminierung durchzusetzen?	☐	☐	
12.	Werden Nassreinigungen der Böden in Randzeiten mit wenig Mitarbeiterverkehr ausgeführt?	☐	☐	
13.	Ist das Reinigungspersonal angewiesen, vor nassen Böden gut sichtbar zu warnen? Zum Beispiel Warnständer aufstellen.	☐	☐	
14.	Ist geregelt, wer die Treppen, Gehwege und Rampen von Schnee und Eis freihält, und stehen Schneeschaufeln, Eiskratzer usw. zur Verfügung?	☐	☐	
15.	Ist der Winterdienst so organisiert, dass die Zugänge zu den Gebäuden schon am Morgen, bei Arbeitsbeginn, sicher begangen werden können?	☐	☐	
16.	Wird regelmäßig kontrolliert, ob die Notausgänge und Fluchtwege jederzeit frei von Stolperfallen und Hindernissen sind?	☐	☐	
17.	Werden regelmäßig Begehungen durchgeführt, um Stolperfallen zu erkennen und zu beseitigen, bevor es zu einem Unfall kommt?	☐	☐	
18.	Sind Verkehrswege im Außenbereich unter allen Wetterbedingungen, auch bei Regen, trittfest? Veranlassen Sie andernfalls, wenn erforderlich, eine Sperrung der Wege?	☐	☐	
Betriebliche Infrastruktur				
19.	Sind die Steckdosen in Büros und Sitzungszimmern so angebracht, dass die Kabel nicht als Stolperfallen geführt werden müssen?	☐	☐	
20.	Sind die Treppen so gestaltet, dass die Konturen der Stufen, Beginn und Ende der Treppe und die Plattformen gut sichtbar und begehbar sind (Rutschhemmung)?	☐	☐	
21.	Haben die Treppen benutzerfreundliche und durchgehende Handläufe?	☐	☐	
22.	Ist die Beleuchtung (besonders in Räumen ohne Tageslicht, Stellplätze) mit Sensoren ausgestattet, damit das Licht automatisch und schnell angeht?	☐	☐	
23.	Gitter- und/oder Blechprofilroste können sicher begangen werden (Maschenweite, Rutschhemmung)?	☐	☐	
24.	Leitern und Tritte werden bestimmungsgemäß verwendet und regelmäßig geprüft (befähigte Person)?	☐	☐	

<table>
<tr><th rowspan="2">Nr.</th><th rowspan="2">Prüffragen</th><th colspan="2">Geprüft?</th><th rowspan="2">Maßnahmen bis wann</th></tr>
<tr><th>Ja</th><th>Nein</th></tr>
<tr><td>25.</td><td>Stolperstellen werden umgehend gekennzeichnet (gelb/schwarz)?</td><td>☐</td><td>☐</td><td></td></tr>
<tr><td>26.</td><td>Sind alle Ihre Mitarbeitenden für Stolperfallen und andere Hindernisse sensibilisiert?

Alle müssen darüber informiert werden, dass Unfälle wegen Stolpern und Ausrutschen die häufigste Unfallursache sind. Diese Unfälle verursachen menschliches Leid, erhebliche Ausfallzeiten und hohe Kosten. Einsatzmittel für die Schulung der Mitarbeitenden:

Broschüre: Sensibilisierungsfilm:</td><td>☐</td><td>☐</td><td></td></tr>
<tr><td>27.</td><td>Werden den Mitarbeitenden in Schulungen folgende Verhaltensregeln beigebracht?<ul><li>Beim Gehen nicht telefonieren und keine SMS, WhatsApp schreiben.</li><li>Auf Treppen die Handläufe benutzen, damit man sich bei einem allfälligen Stolpern auffangen kann.</li><li>Offene Schubladen und Schranktüren sind gefährliche Stolperfallen, auch für die Kolleginnen und Kollegen.</li><li>Keine Kabel auf Böden und in Gehwegen liegen lassen (sind solche Kabel unumgänglich, Warnständer aufstellen).</li><li>Gegenstände, Waren und Flüssigkeiten auf Böden und Treppen sind gefährliche Ursachen von Sturzunfällen. Sie müssen sofort beseitigt oder – wenn dies nicht möglich ist – gut sichtbar markiert und unverzüglich gemeldet werden.</li><li>Auch kleinste Bodenunebenheiten, vorstehende Teppichkanten, rutschende Teppiche usw. können zu Stürzen führen. Solche Gefahrenstellen müssen gemeldet und saniert werden.</li><li>Für den Arbeitsweg und am Arbeitsplatz angemessenes Schuhwerk tragen.</li></ul></td><td>☐</td><td>☐</td><td></td></tr>
<tr><td>28.</td><td>Wird das Einhalten dieser Regeln während der täglichen Arbeit von den Vorgesetzten kontrolliert und durchgesetzt?</td><td>☐</td><td>☐</td><td></td></tr>
<tr><td>29.</td><td>Ist auf allen Wegen in Gebäuden und auch auf den Verkehrswegen im Außenbereich für ausreichende Beleuchtung gesorgt?</td><td>☐</td><td>☐</td><td></td></tr>
</table>

Datum, Unterschrift des Prüfers	______________________________

Weitere Informationen

DGUV Fact Sheet – Stolper-, Rutsch- und Sturzunfälle – 2017
BGHW (Handel und Warenlogistik) Information W 51-2 „Fußböden: Analyse von Sturzunfällen“

ARBEITSMITTEL UND MASCHINEN GEM. BetrSichV

Checkliste
Prüfung von Arbeitsmitteln nach BetrSichV

Firma/Einrichtung und Stempel

Firma/Einrichtung: ______________________________

Name des Prüfers: ______________________________

Ort/Datum: ______________________________ , den ______________

Nr.	Prüffragen	Ja	Nein	Maßnahmen bis wann/Anmerkungen
1.	Werden Arbeitsmittel mit GS-Zeichen verwendet?	☐	☐	
2.	Sind die Mitarbeiter über den richtigen Umgang mit den Arbeitsmitteln kundig, verfügen sie über eine Schulung und werden sie regelmäßig unterwiesen?	☐	☐	
3.	Stehen den Mitarbeitern für jede Arbeitsaufgabe die geeigneten Arbeitsmittel zur Verfügung?	☐	☐	
4.	Steht die notwendige persönliche Schutzausrüstung zur Verfügung?	☐	☐	
5.	Ist ggf. eine Betriebsanweisung vorhanden und bekannt?	☐	☐	
6.	Wurden fällige Prüfungen durchgeführt?	☐	☐	
7.	Hat das Arbeitsmittel eine Sicherheitseinrichtung und ist diese geprüft?	☐	☐	
8.	Sind sicherheitstechnische Verhaltensregeln (Alarmierungsregeln) für die Nutzer notwendig und sind die Nutzer damit vertraut?	☐	☐	
9.	Wird ein mögliches Umgehen oder Entfernen der Schutzeinrichtungen wirksam verhindert?	☐	☐	
10.	Sind entsprechende Gefahrenhinweise und Piktogramme vorhanden?	☐	☐	
11.	Bestehen mechanische Gefährdungen (Schneiden, Quetschen) beim Betrieb des Arbeitsmittels?	☐	☐	
12.	Bestehen besondere bewegungsbedingte Gefährdungen durch Bewegungsenergie (Rotation, Translation)?	☐	☐	
13.	Bestehen Gefährdungen durch andere Arbeitsmittel in der unmittelbaren Umgebung?	☐	☐	
14.	Bestehen physische Gefahren durch Betriebsstoffe oder Prozesse (Druck, Temperatur)?	☐	☐	
15.	Wird mit Hilfsstoffen gearbeitet (z. B. Kühlschmierstoffen)?	☐	☐	

Nr.	Prüffragen	Ja	Nein	Maßnahmen bis wann/Anmerkungen
16.	Ist die Gefährdungsbeurteilung angepasst und sind die Mitarbeiter unterwiesen?	☐	☐	
17.	Sind Behelfseinrichtungen • deutlich sichtbar? • als solche identifizierbar? • gegebenenfalls gekennzeichnet?	 ☐ ☐ ☐	 ☐ ☐ ☐	
18.	Ist unbeabsichtigtes Betätigen möglich?	☐	☐	
19.	Sind Warneinrichtungen und Kontrollanzeigen leicht und unmissverständlich erkennbar?	☐	☐	
20.	Werden Arbeitsmittel regelmäßig überprüft?	☐	☐	
21.	Sind die zu prüfenden Arbeitsmittel auch vorhanden?	☐	☐	
22.	Wird der Soll- und Istzustand überprüft?	☐	☐	
23.	Werden Abweichungen vom Soll- und Istzustand dokumentiert/protokolliert?	☐	☐	
24.	Werden bei der Überprüfung Ordnungsprüfung bzw. technische Prüfungen angewendet?	☐	☐	
25.	Ordnungsprüfung • Prüfunterlagen sind vorhanden? • Arbeitsmittel wird gem. GBU eingesetzt? • Organisatorische Maßnahmen festgelegt? • Prüfumfang und Prüffrist definiert? • Techn. Unterlagen stimmen überein? • Nach letzter Prüfung Veränderungen? • Genehmigungsbescheide vorhanden?	 ☐ ☐ ☐ ☐ ☐ ☐ ☐	 ☐ ☐ ☐ ☐ ☐ ☐ ☐	
26.	Technische Prüfung • Äußere oder innere Sichtprüfung? • Funktionsfähigkeit/Sicherheitsprüfung? • Labortechnische Untersuchung? • Zerstörungsfreie Prüfung?	 ☐ ☐ ☐ ☐	 ☐ ☐ ☐ ☐	

Datum, Unterschrift des Prüfers ______________________________

Prüf- und Wartungsplan

Firma/Einrichtung und Stempel

Arbeitsplatz:

Tätigkeitsbereich:

Bezeichnung	Art der Prüfung	Prüfintervall	Prüfer-Qualifikation	Durchführung Firma/Name	Letzte Prüfung am:	Dokumentation wo?

Bezeichnung	Art der Prüfung	Prüfintervall	Prüfer-Qualifika-tion	Durchführung Firma/Name	Letzte Prüfung am:	Dokumentation wo?

Prüfprotokoll

für ortsveränderliche Arbeitsmittel

Firma/Einrichtung und Stempel

Betrieb/Abteilung:

Verantwortlich: ______________________

verw. Prüfgerät: ______________________ Prüfdatum: ______________________

Prüfer: ______________________ Unterschrift: ______________________

	Sichtprüfung		Schutzleiterwiderstand	Isolationswiderstand	Ableitstrom 1 direktes Messverfahren 2 Ersatzableitstrommess. 3 Differenzstrommess.		Funktion		Bemerkungen (z. B. Auflagen zum Weiterbetrieb, notwendige Abweichungen vom Prüfablauf, Störung des Prüfablaufs etc.)	Nächste Prüfung
	i. O.	n. i. O.	R_{SL}	R_{Iso}	I_{SL}	I_B	i. O.	n. i. O.		
Arbeitsmittel: Inventarnummer: Fabrikat: Modell: Standort: Schutzklasse bzw. äquivalente Schutzmaßnahmen:	☐	☐					☐	☐		
Arbeitsmittel: Inventarnummer: Fabrikat: Modell: Standort: Schutzklasse bzw. äquivalente Schutzmaßnahmen:	☐	☐					☐	☐		
Arbeitsmittel: Inventarnummer: Fabrikat: Modell: Standort: Schutzklasse bzw. äquivalente Schutzmaßnahmen:	☐	☐					☐	☐		

	Sichtprüfung		Schutzleiterwiderstand	Isolationswiderstand	Ableitstrom 1 direktes Messverfahren 2 Ersatzableitstrommess. 3 Differenzstrommess.		Funktion		Bemerkungen (z. B. Auflagen zum Weiterbetrieb, notwendige Abweichungen vom Prüfablauf, Störung des Prüfablaufs etc.)	Nächste Prüfung
	i. O.	n. i. O.	R_{SL}	R_{Iso}	I_{SL}	I_B	i. O.	n. i. O.		
Arbeitsmittel: Inventarnummer: Fabrikat: Modell: Standort: Schutzklasse bzw. äquivalente Schutzmaßnahmen:	☐	☐					☐	☐		
Arbeitsmittel: Inventarnummer: Fabrikat: Modell: Standort: Schutzklasse bzw. äquivalente Schutzmaßnahmen:	☐	☐					☐	☐		
Arbeitsmittel: Inventarnummer: Fabrikat: Modell: Standort: Schutzklasse bzw. äquivalente Schutzmaßnahmen:	☐	☐					☐	☐		
Arbeitsmittel: Inventarnummer: Fabrikat: Modell: Standort: Schutzklasse bzw. äquivalente Schutzmaßnahmen:	☐	☐					☐	☐		
Arbeitsmittel: Inventarnummer: Fabrikat: Modell: Standort: Schutzklasse bzw. äquivalente Schutzmaßnahmen:	☐	☐					☐	☐		
Arbeitsmittel: Inventarnummer: Fabrikat: Modell: Standort: Schutzklasse bzw. äquivalente Schutzmaßnahmen:	☐	☐					☐	☐		

Prüfprotokoll
für elektrische Anlagen

Firma/Einrichtung und Stempel

Auftraggeber		**Auftragnehmer**	
Verantwortliche Person:	______	Verantwortlicher Prüfer:	______
Anschrift:	______	Anschrift:	______
Kundennummer:	______	Prüfdatum:	______

Angaben zur Prüfung:

Prüfgrundlage:	☐ DIN VDE 0100-600	☐ DIN VDE 0105-100	☐ DIN VDE 0113	☐ sonstige:
Prüfanlass:	☐ Prüfung nach Errichtung	☐ Prüfung nach Erweiterung	☐ Prüfung nach Instandsetzung	☐ Wiederholungsprüfung
Prüfumfang:			verwendetes Prüfgerät:	

Ordnungsprüfung:	Ja	Nein
Sind die erforderlichen technischen Unterlagen vollständig und aktuell? Enthalten sie die für die Durchführung der Prüfung relevanten Inhalte?	☐	☐
Liegt ein Prüfprotokoll/Prüfbericht einer vollständig ausgeführten Erstprüfung vor? (Anmerkung: Nur unter dieser Voraussetzung können Folgeprüfungen auf Stichproben beschränkt werden.)	☐	☐
Bei Wiederholungsprüfungen: Liegen die Prüfprotokolle/Prüfberichte der vorangegangenen Prüfungen vor?	☐	☐
Entspricht die Ausführung der elektrischen Anlage den gegebenen Nutzungs- und Umgebungsbedingungen?	☐	☐
Sind Anzeichen von unsachgemäßem Gebrauch, unzulässigen Änderungen, Überlast o. Ä. erkennbar?	☐	☐

Sichtprüfung: (Bei anlagen-oder stromkreisbezogenen Mängeln ggf. im Messprotokoll in der Spalte „Bemerkungen“ unter Zuhilfenahme des Fehlercodes und evtl. zusätzlicher Erläuterung eintragen)	Ja	Nein
Ist der elektrische Betriebsraum als solcher gekennzeichnet und gegen unbefugten Zugang gesichert?	☐	☐
Ist der elektrische Betriebsraum sauber und frei von brennbaren Stoffen?	☐	☐
Ist die ggf. notwendige Ausstattung des elektrischen Betriebsraums (z. B. Absperrketten, Schilder, Sicherheitsbeleuchtung etc.) vollständig und funktionsfähig?	☐	☐
Sind die Kabel- bzw. Leitungsschottungen korrekt ausgeführt?	☐	☐
Sind die Kabeltragesysteme ordnungsgemäß belegt und nicht überbelegt?	☐	☐
Sind die Leitungen ordnungsgemäß verlegt und befestigt?	☐	☐
Ist ein ausreichend bemessener, sicherer Zugang zur elektrischen Anlage gewährleistet?	☐	☐
Ist der Schutz gegen das indirekte Berühren aktiver Teile gewährleistet?	☐	☐
Sind alle notwendigen Abdeckungen vorhanden und in ordnungsgemäßem Zustand?	☐	☐
Ist die Erdung/der Potenzialausgleich ordnungsgemäß ausgeführt?	☐	☐
Befinden sich die Schutzleiterverbindungen/Schutzleiterkontakte in funktionalem Zustand?	☐	☐
Sind Stromkreise, Kabel/Leitungen, Schalter, Sicherungen, Klemmen usw. korrekt gekennzeichnet?	☐	☐
Sind die Leiterquerschnitte ausreichend dimensioniert?	☐	☐
Sind die notwendigen Schutzeinrichtungen (z. B. Überstrom- oder Fehlerstromschutzeinrichtungen) vorhanden und funktionsfähig?	☐	☐
Sind die notwendigen Schutzeinrichtungen (z. B. Überstrom- und Fehlerstromschutzeinrichtungen) richtig eingestellt?	☐	☐
Sind die Betriebsmittel entsprechend den Nutzungs- und Umgebungsbedingungen (z. B. mechanische Belastungen, Staub, Feuchtigkeit, Hitze, Kälte etc.) installiert und gewartet, um eine sichere und störungsfreie Nutzung zu gewährleisten?	☐	☐
Sind Anzeichen von thermischen Einflüssen, Überlast, Manipulationen o. ä. sich negativ auf die Sicherheit und das Betriebsverhalten auswirkende Einwirkungen erkennbar?	☐	☐

Erproben:	Ja	Nein
RCD-Test (Betätigen der Test-Tasten)	☐	☐
Rechtsdrehfeld in Drehstromsystemen	☐	☐
Funktion von Meldeeinrichtungen und Anzeigen (z. B. akustische und/oder optische)	☐	☐
Funktion von Sicherheitseinrichtungen (z. B. Not-Aus-Einrichtungen, Verriegelungen, Überlast-Abschaltungen etc.)	☐	☐

Genaue Bezeichnung des geprüften Teils der elektrischen Anlage:

Stromkreisbezeichnung (z.B. Nummer, Name)	Kabel- bzw. Leitungstyp	Anzahl Adern	Querschnitt		Prüfung des Schutzleiterwiderstands	Prüfung der automatischen Abschaltung der Überstrom-Schutzeinrichtung					Prüfung der Wirksamkeit von Fehlerstrom-Schutzeinrichtungen						Prüfung des Isolationswiderstands		Sicherheitstechnische Bewertung		Bemerkungen (ggf. siehe Blatt „Anmerkungen“ oder „Fehlerkodierung“)
						Typ/ Kenndaten	I_N [A]	Z_S [A]	Z_I [A]	I_K [A]	Typ/ Kenndaten	I_N [mA]	I_{AN} [mA]	U_B [V]	U_L [V]	t_A [s]	mit Verbr.	ohne Verbr.	i. O.	n.i.O.	

Checkliste

Bereitstellung und Benutzung von Arbeitsmitteln

Firma/Einrichtung und Stempel

Firma/Einrichtung: ______________________

Name des Prüfers: ______________________

Ort/Datum: ______________________ , den ____________

Nr.	Prüffragen	Geprüft		Maßnahmen bis wann
		Ja	Nein	
1.	Sind für alle Arbeitsmittel die notwendigen Informationen zur sicheren Bereitstellung und Benutzung vorhanden?	☐	☐	
2.	Wurden diese Informationen ausgewertet und ggf. in die Festlegung der Schutzmaßnahmen mit einbezogen?	☐	☐	
3.	Sind den Beschäftigten die erforderlichen Informationen zur Kenntnis gebracht worden?	☐	☐	
4.	Werden Arbeitsmittel nur unter den vorgesehenen Bedingungen und für Arbeitsgänge entsprechend den Betriebsanleitungen des Herstellers eingesetzt?	☐	☐	
5.	Kann der Auf- und Abbau der Arbeitsmittel entsprechend den Hinweisen des Herstellers sicher durchgeführt werden?	☐	☐	
6.	Ist genügend Raum zwischen den beweglichen Bauteilen der Arbeitsmittel und den beweglichen oder feststehenden Teilen in ihrer Umgebung vorhanden?	☐	☐	
7.	Können alle verwendeten Energieformen und Materialien sicher zugeführt und entfernt werden?	☐	☐	
8.	Sind ggf. angemessene Maßnahmen festgelegt und umgesetzt?	☐	☐	
9.	Werden die Schutzeinrichtungen der Arbeitsmittel benutzt?	☐	☐	
10.	Ist verhindert, dass diese unwirksam gemacht werden können?	☐	☐	
11.	Ist eine angemessene Beleuchtung bei der Benutzung der Arbeitsmittel gewährleistet (siehe auch ArbStättV bzw. ASR A3.4)?	☐	☐	
12.	Werden die Arbeitsmittel vor der Benutzung auf Mängel überprüft und ggf. der Benutzung entzogen?	☐	☐	
13.	Werden Änderungs-, Instandsetzungs- und Wartungsarbeiten nur bei Stillstand des Arbeitsmittels vorgenommen?	☐	☐	

Nr.	Prüffragen	Geprüft		Maßnahmen bis wann
		Ja	Nein	
14.	Werden das Arbeitsmittel und seine beweglichen Teile während dieser Arbeiten gegen Einschalten und unbeabsichtigte Bewegung gesichert?	☐	☐	
15.	Werden Maßnahmen der Wartung und der Instandsetzung dokumentiert und auf aktuellem Stand gehalten?	☐	☐	
16.	Sind an den Arbeitsmitteln oder in deren Umgebung die erforderlichen Kennzeichnungen und Gefahrenhinweise angebracht (siehe auch ASR A1.3)?	☐	☐	
17.	Werden Arbeitsmittel so benutzt, dass Sicherheit und Gesundheitsschutz der Beschäftigten gewährleistet sind?	☐	☐	
18.	Werden Arbeitsmittel nur von dafür geeigneten, unterwiesenen oder beauftragten Personen und Beschäftigten benutzt?	☐	☐	
19.	Werden die Arbeitsmittel so aufbewahrt, dass deren sicherer Zustand erhalten bleibt?	☐	☐	
20.	Bestehen angemessene Möglichkeiten der Verständigung sowie Warnung bei der Benutzung der Arbeitsmittel?	☐	☐	
21.	Sind die entsprechenden Signale leicht wahrnehmbar und unmissverständlich?	☐	☐	
22.	Werden Signale ggf. zwischen den Beschäftigten vereinbart?	☐	☐	
23.	Sind geeignete Vorkehrungen getroffen, dass mobile Arbeitsmittel nur von dazu geeigneten Beschäftigten geführt werden, die dafür eine angemessene Unterweisung erhalten haben?	☐	☐	
24.	Sind ggf. geeignete Verkehrsregeln festgelegt?	☐	☐	
25.	Wird verhindert, dass sich Beschäftigte im Gefahrenbereich selbstfahrender mobiler Arbeitsmittel aufhalten?	☐	☐	
26.	Werden mobile selbstfahrende Arbeitsmittel mit Verbrennungsmotor nur benutzt, wenn die Zufuhr gesundheitlich zuträglicher Atemluft in ausreichender Menge sichergestellt ist?	☐	☐	
27.	Kann das Verbinden oder Trennen von mobilen Arbeitsmitteln mit anderen mobilen Arbeitsmitteln oder Zusatzausrüstungen ohne Gefährdung für die Beschäftigten erfolgen?	☐	☐	
28.	Können die mobilen Arbeitsmittel so abgestellt und bei Transport, Be- oder Entladung so gesichert werden, dass unbeabsichtigte Bewegungen vermieden werden?	☐	☐	
29.	Sind ggf. sichere und für diesen Zweck ausgerüstete Plätze vorhanden, wenn Beschäftigte auf mobilen Arbeitsmitteln mitfahren sollen?	☐	☐	

Datum, Unterschrift des Prüfers ____________________

Checkliste

Leitersicherheit

Firma/Einrichtung und Stempel

Firma/Einrichtung: ______________________________

Name des Prüfers: ______________________________

Ort/Datum: ______________________________ , den ______________

Nr.	Prüffragen	Ja	Nein	Maßnahmen bis wann
1.	Wurden die Vorgaben der TRBS 2121 „Gefährdung von Beschäftigten durch Absturz – Allgemeine Anforderungen“ berücksichtigt?	☐	☐	
2.	Wurde eine Gefährdungsbeurteilung gemäß den Vorgaben der TRBS 2121 durchgeführt?	☐	☐	
3.	Wurden ggf. Schutzmaßnahmen ergriffen, die einen Absturz verhindern oder zumindest das Risiko minimieren?	☐	☐	
4.	Werden geeignete Arbeitsmittel verwendet, um das Absturzrisiko zu minimieren?	☐	☐	
5.	Ist dafür gesorgt, dass die Arbeitsabläufe ein potenzielles Absturzrisiko so gering wie möglich halten?	☐	☐	
6.	Wurde die Arbeit so organisiert, dass das Absturzrisiko so gering wie möglich ist?	☐	☐	
Bei zusätzlicher Absturzkante				
Vorgaben nach TRBS 2121				
7.	Wurde ermittelt, ob (zusätzlich zur Gefährdung durch die Höhe der Leiter) ein Risiko durch eine Absturzkante vorhanden ist?	☐	☐	
8.	Sofern Absturzkanten vorhanden sind: Wurde die Gefährdung durch Absturz nach den Kriterien der TRBS 2121 bewertet?	☐	☐	
9.	Besteht eine Gefährdung durch den Höhenunterschied zwischen Absturzkante und tiefer liegender Fläche oder Gegenstand?	☐	☐	
10.	Besteht eine Gefährdung durch die Beschaffenheit der tiefer liegenden Fläche oder des Gegenstands?	☐	☐	
11.	Besteht bei einer Absturzkante eine Gefährdung durch die Arbeitsbedingungen (Dauer der Tätigkeit, körperlich schwere Arbeit, beeinträchtigte Sichtverhältnisse etc.)?	☐	☐	

Nr.	Prüffragen	Ja	Nein	Maßnahmen bis wann
12.	Wurde bei den Schutzmaßnahmen die Rangfolge des „TOP-Prinzips" berücksichtigt?	☐	☐	
13.	Wurde bei den technischen Schutzmaßnahmen gegen Absturz beachtet, dass bauliche Absturzsicherungen (z. B. Abdeckungen, Geländer, Seitenschutz) Vorrang vor Schutzeinrichtungen zum Auffangen abstürzender Beschäftigter haben?	☐	☐	
14.	Wurde beachtet, dass die Verwendung von PSA gegen Absturz (PSAgA) an letzter Stelle der Prioritäten (TOP-Prinzip) steht?	☐	☐	
15.	Sofern PSAgA verwendet werden: Wurden alle Vorgaben dazu berücksichtigt (Unterweisung, ausreichend Freiraum unterhalb des Standplatzes etc.)?	☐	☐	
16.	Wurden insbesondere auch die Vorgaben der TRBS 2121 – Teil 2 „Gefährdung von Beschäftigten bei der Verwendung von Leitern" berücksichtigt?	☐	☐	
17.	Wurden die seit 2018 geltenden Vorgaben der DIN EN 131 für Leitern berücksichtigt?	☐	☐	
18.	Entsprechen die verwendeten Leitern der Klassifizierung „Professional" gemäß der DIN EN 131 Teil 2 (strengere Prüfverfahren als bei Leitern zur privaten Verwendung)?	☐	☐	
19.	Bei noch vorhandenen Altbeständen im Betrieb (Leitern vor 2018): Wurde geprüft, ob auch sie die Anforderungen der DIN EN 131 erfüllen (kein Bestandsschutz!)?	☐	☐	
20.	Sofern die Gefährdungsbeurteilung ergibt, dass alte Leitern nun nicht mehr der Norm entsprechen: Wurden sie entsorgt bzw. durch Steigsysteme regelkonform erweitert, ist also die Standsicherheit gemäß der DIN EN 131-1 gegeben?	☐	☐	

Datum, Unterschrift des Prüfers ______________________________

Checkliste

Anforderungen an Schutzeinrichtungen nach Maschinenrichtlinie

Firma/Einrichtung und Stempel

Grundlegende Sicherheits- und Gesundheitsschutzanforderungen gem. Anhang I der Richtlinie 2006/42/EG					
Referenzstelle	**Grundlegende Sicherheitsanforderungen**	**Anforderung muss beachtet werden**	**Zur Erfüllung beachtete harmonisierte Norm**	**Wer ist verantwortlich für die Umsetzung der Anforderung?**	**Bemerkung**
1. 4.1 Allgemeine Anforderungen	Trennende und nicht trennende Schutzeinrichtungen • müssen stabil gebaut sein, • müssen sicher in Position gehalten werden, • dürfen keine zusätzlichen Gefährdungen verursachen, • dürfen nicht auf einfache Weise umgangen oder unwirksam gemacht werden, • müssen ausreichend Abstand zum Gefahrenbereich haben, • dürfen die Beobachtung des Arbeitsvorgangs nicht mehr als unvermeidbar einschränken und • müssen die für das Einsetzen und/oder den Wechsel der Werkzeuge und zu Wartungszwecken erforderlichen Eingriffe möglichst ohne Abnahme oder Außerbetriebnahme der Schutzeinrichtungen zulassen, wobei der Zugang ausschließlich auf den für die Arbeit ausgerichteten Zweck ausgelegt sein muss. Ferner müssen trennende Schutzeinrichtungen nach Möglichkeit vor einem Herausschleudern oder Herabfallen von Werkstoffen und Gegenständen sowie vor den von der Maschine verursachten Emissionen schützen.	☐			
1.4.2 Besondere Anforderungen an trennende Schutzeinrichtungen	**1.4.2.1 Feststehende trennende Schutzeinrichtungen** Die Befestigung feststehender trennender Schutzeinrichtungen darf sich nur mit Werkzeugen lösen lassen. Die Befestigungsmittel müssen nach dem Abnehmen der Schutzeinrichtungen mit den Schutzeinrichtungen oder mit der Maschine verbunden bleiben. Soweit möglich, dürfen trennende Schutzeinrichtungen nach Lösen der Befestigungsmittel nicht in der Schutzstellung verbleiben.	☐			

Referenzstelle	Grundlegende Sicherheitsanforderungen	Anforde-rung muss beachtet werden	Zur Erfüllung beachtete harmonisierte Norm	Wer ist verantwortlich für die Umsetzung der Anforderung?	Bemerkung
1.4.2 Besondere Anforderungen an trennende Schutz-einrichtungen	**1.4.2.2 Bewegliche trennende Schutzeinrichtungen mit Verriegelung** Bewegliche trennende Schutzeinrichtungen mit Verriege-lung müssen, • soweit möglich, mit der Maschine verbunden blei-ben, wenn sie geöffnet sind, • so konstruiert und gebaut sein, dass sie nur durch eine absichtliche Handhabung eingestellt werden können. Bewegliche trennende Schutzeinrichtungen mit Verriege-lung müssen mit einer Verriegelungseinrichtung verbunden sein, • die das Ingangsetzen der gefährlichen Maschi-nenfunktionen verhindert, bis die Schutzeinrich-tung geschlossen ist, und • die einen Befehl zum Stillsetzen auslöst, wenn die Schutzeinrichtungen nicht mehr geschlossen sind. Besteht die Möglichkeit, dass das Bedienpersonal den Ge-fahrenbereich erreicht, bevor die durch die gefährlichen Maschinenfunktionen verursachten Risiken nicht mehr be-stehen, so müssen bewegliche trennende Schutzeinrich-tungen zusätzlich zu der Verriegelungseinrichtung mit einer Zuhaltung ausgerüstet sein, • die das Ingangsetzen der gefährlichen Maschi-nenfunktionen verhindert, bis die Schutzeinrich-tung geschlossen ist, und • die die Schutzeinrichtung in geschlossener und verriegelter Stellung hält, bis das Risiko von Ver-letzungen aufgrund gefährlicher Funktionen der Maschine nicht mehr besteht. Bewegliche trennende Schutzeinrichtungen mit Verriege-lung müssen so konstruiert sein, dass bei Fehlern oder Störung eines ihrer Bestandteile das Ingangsetzen gefährli-cher Maschinenfunktionen verhindert wird oder diese still-gesetzt werden.	☐			

Referenzstelle	Grundlegende Sicherheitsanforderungen	Anforderung muss beachtet werden	Zur Erfüllung beachtete harmonisierte Norm	Wer ist verantwortlich für die Umsetzung der Anforderung?	Bemerkung
1.4.2 Besondere Anforderungen an trennende Schutzeinrichtungen	**1.4.2.3 Zugangsbeschränkende verstellbare Schutzeinrichtungen** Verstellbare Schutzeinrichtungen, die den Zugang auf die für die Arbeit unbedingt notwendigen beweglichen Teile beschränken, müssen • je nach Art der Arbeit manuell oder automatisch verstellbar sein und • leicht und ohne Werkzeug verstellt werden können	☐			
1.4.3 Besondere Anforderungen an nicht trennende Schutzeinrichtungen	Nicht trennende Schutzeinrichtungen müssen so konstruiert und in die Steuerung der Maschine integriert sein, dass • die beweglichen Teile nicht in Gang gesetzt werden können, • Personen die beweglichen Teile nicht erreichen können, solange diese Teile in Bewegung sind, • bei Fehlern oder Störungen eines ihrer Bestandteile das Ingangsetzen der beweglichen Teile verhindert wird oder die beweglichen Teile stillgesetzt werden. Ihre Einstellung darf nur durch eine absichtliche Handhabung möglich sein.	☐			

Checkliste zur Vorbereitung Explosionsschutzdokument

Firma/Einrichtung und Stempel

Ein **Explosionsschutzdokument** ist eine ergänzende Dokumentation zur **Gefährdungsbeurteilung**, die speziell auf explosionsfähige Atmosphären eingeht. Laut **§ 6 Abs. 9 der Gefahrstoffverordnung** (GefStoffV) ist jedes Unternehmen – unabhängig von der Mitarbeiterzahl – verpflichtet, dieses Dokument vor Aufnahme entsprechender Tätigkeiten zu erstellen. Es dient dazu, Risiken zu erkennen und notwendige Schutzmaßnahmen festzulegen. Detaillierte Informationen dazu bietet die **DGUV Information 213-106 „Explosionsschutzdokument“.** Das vorliegende Material dient der Erfassung von Informationen, die für die Erstellung eines Explosionsschutzdokuments benötigt werden.

Ein Explosionsschutzdokument muss zwingend die folgenden Informationen enthalten:

- Angabe des gefährdeten Betriebsbereichs
- Verantwortliche(r), Erstellungsdatum
- Kurzbeschreibung der baulichen und örtlichen Gegebenheiten
- Verfahrensbeschreibung mit allen relevanten Parametern
- Stoffdaten, Mengen
- Gefährdungsbeurteilung
    - Kann eine gefährliche explosionsfähige Atmosphäre (Ex-Atmosphäre) auftreten?
    - Ist die Ex-Atmosphäre gefahrdrohend?
- Explosionsschutzkonzept
    - Vermeidung der Bildung gefährlicher explosionsfähiger Atmosphären
    - Einteilung von explosionsgefährdeten Bereichen in Zonen
    - Vermeidung wirksamer Zündquellen
    - Beschränkung der Auswirkungen einer Explosion auf ein unbedenkliches Ausmaß
    - organisatorische Maßnahmen

Die folgenden Seiten enthalten erforderliche Angaben, die für ein Explosionsschutzdokument benötigt werden, und einige Erläuterungen. Da jedoch je nach Gefährdung unterschiedliche Punkte zu berücksichtigen sind, ist eine Berücksichtigung der individuellen Situation ggf. ergänzend erforderlich. Weitere Informationen zu diesem Thema erhalten Sie bei Ihrer Berufsgenossenschaft.

1. Explosionsgefahrensituation

Besteht im Unternehmen, Betrieb, in Betriebsteilen eine Explosionsgefahr?	☐ Nein	☐ Ja
Auftreten gefährlicher explosionsfähiger Atmosphäre?	☐ Nein	☐ Ja
Vorhandensein und Wirksamwerden von Zündquellen?	☐ Nein	☐ Ja
Kann ein gefährliches explosionsfähiges Gemisch entstehen?	☐ Nein	☐ Ja
Kann das gefährliche explosionsfähige Gemisch entzündet werden?	☐ Nein	☐ Ja
Können durch eine Explosion Personen oder die Umwelt zu Schaden kommen?	☐ Nein	☐ Ja

2. Angaben zum Arbeitsbereich/Arbeitsplatz

Anlage:	Notfall-Telefon:
Bereich/Abteilung:	
Arbeitsbereich:	
Arbeitsplatz:	
Gebäude/Raum: (z. B. Verweis auf Lageplan, Gebäudeplan, Aufstellungsplan, Flucht- und Rettungsplan)	

I. Tätigkeiten und Arbeitsumfeld

Kurze Verfahrens- bzw. Tätigkeitsbeschreibung:

(Parameter wie Druck, Temperatur, Durchsatz sollten enthalten sein, ggf. Verweis auf Verfahrensfließbild, R/I-Schema)

Besondere Betriebszustände:

(z. B. An- und Abfahrprozesse, Reinigungsarbeiten, Störungsbeseitigung)

Beschreibung der Belüftung:

II. Angabe zu Stoffen, durch die explosionsfähige Atmosphäre entstehen kann

Flüssigkeit/Gas:	Flammpunkt: untere/obere Ex-Grenze: Dampfdruck: Zündtemperatur:	Explosionsgruppe: Sauerstoffgrenzkonzentration:
Brennbarer Staub:	Korngrößenverteilung: untere Explosionsschutz-Grenze: Mindestzündtemperatur • einer Staubwolke • einer Staubschicht	Mindestzündenergie: KSt-Wert: max. Explosionsdruck: Staubexplosionsklasse: Sauerstoffgrenzkonzentration:

III. Beurteilung der Explosionsgefahr

Wurden im Arbeitsbereich Explosionsschutz-Zonen ausgewiesen? ☐ Nein ☐ Ja
Wenn Explosionsschutz-Zonen ausgewiesen wurden, bitte folgende Angaben machen:

Nr.	Anlagenbereich/-platz	Explosionsschutz-Zonen (Ausdehnung/Höhe)		
1.		☐ Zone 0 ☐ Zone 1 ☐ Zone 2	☐ Zone 20 ☐ Zone 21 ☐ Zone 22	
2.		☐ Zone 0 ☐ Zone 1 ☐ Zone 2	☐ Zone 20 ☐ Zone 21 ☐ Zone 22	
3.		☐ Zone 0 ☐ Zone 1 ☐ Zone 2	☐ Zone 20 ☐ Zone 21 ☐ Zone 22	
4.		☐ Zone 0 ☐ Zone 1 ☐ Zone 2	☐ Zone 20 ☐ Zone 21 ☐ Zone 22	
5.		☐ Zone 0 ☐ Zone 1 ☐ Zone 2	☐ Zone 20 ☐ Zone 21 ☐ Zone 22	

Explosionsschutz-Zonenplan:

(als Anlage zum Ex-Schutz-Dokument oder Verweis auf den Ex-Zonenplan)

Im Rahmen der Bewertung sind die Bereiche zu berücksichtigen, in denen eine gefährliche explosionsfähige Atmosphäre als Gemisch aus Luft und brennbaren Gasen, Dämpfen oder Nebeln auftritt. Die Einteilung nach Zonen richtet sich nach der Häufigkeit und Dauer des Auftretens einer solchen Atmosphäre.

Zone 0: über längere Zeiträume oder häufig
Zone 1: gelegentlich im Normalbetrieb
Zone 2: nicht oder nur selten oder sehr kurz im Normalbetrieb
Zone 20: über längeren Zeitraum oder häufige Bildung einer Wolke aus brennbarem Staub im Normalbetrieb
Zone 21: gelegentlich Bildung einer Wolke aus brennbarem Staub im Normalbetrieb
Zone 22: keine, sehr seltene oder sehr kurzzeitige Bildung einer brennbaren Staubwolke im Normalbetrieb

IV. Explosionsschutz-Maßnahmen für den Arbeitsbereich/-platz

Nr.	Gewähltes Schutzprinzip	Spezifische Schutzmaßnahmen
IV: 1	☐ Verhindern explosionsfähiger Atmosphäre (keine Zone) ☐ Vermeiden wirksamer Zündquellen ☐ Konstruktiver Explosionsschutz Erforderliche Schutzkategorie:	
IV. 2	☐ Verhindern explosionsfähiger Atmosphäre (keine Zone) ☐ Vermeiden wirksamer Zündquellen ☐ Konstruktiver Explosionsschutz Erforderliche Schutzkategorie:	
IV.3	☐ Verhindern explosionsfähiger Atmosphäre (keine Zone) ☐ Vermeiden wirksamer Zündquellen ☐ Konstruktiver Explosionsschutz Erforderliche Schutzkategorie:	

IV. 4	☐ Verhindern explosionsfähiger Atmosphäre (keine Zone) ☐ Vermeiden wirksamer Zündquellen ☐ Konstruktiver Explosionsschutz Erforderliche Schutzkategorie:	

Erläuterung:
In Arbeitsbereichen und Betriebsstätten, in denen ständig oder gelegentlich Explosionsgefahr besteht (wenn also mindestens eine der Zonen vorliegt), können Explosionen nur durch Vermeidung von Zündquellen verhindert werden. Dazu müssen die eingesetzten Betriebsmittel besondere Anforderungen der Richtlinie 2014/34/EU erfüllen.

V. Organisatorische Maßnahmen

Organisatorische Maßnahmen	Erläuterung/Dokument	zuständig
Erstellung eines Explosionsschutzdokuments:		
Kennzeichnung der Explosionsschutz-Bereiche:		
Bestellung eines Explosionsschutzbeauftragten:		
Aufnahme in die Gefährdungsbeurteilung:		
Zugrunde liegende Betriebsanweisungen:		
Letzte Unterweisung:		
Regelmäßige Beseitigung von Staubablagerungen:		
Kontrollgänge:		
Festlegung/Überwachung von Prüfungen:		
Arbeitsfreigaben für gefährliche Tätigkeiten:		
Kontrolle der verwendeten Explosionsschutz-Kategorien:		
Letzte Überprüfung des Explosionsschutz-Dokuments:		

VI. Weitere Dokumente

Beiliegend zum Explosionsschutz-Dokument werden benötigt und sind vorhanden:	Dokumente, die dem Explosionsschutz-Dokument zusätzlich beizufügen sind:
☐ Pläne (z. B. Lage-, Gebäude-, Flur- und/oder Aufstellungspläne) ☐ Flucht- und Rettungswegeplan ☐ Verfahrensfließbildpläne, R/I-Pläne ☐ Sicherheitsdatenblätter ☐ Gefahrstoffverzeichnis ☐ Explosionsschutz-Zonen-Plan ☐ EG-Baumuster-Prüfbescheinigungen (Geräte, Arbeitsmittel) ☐ Sonstiges:	

VII. Erstellung, Genehmigung und Anweisung

Das Dokument wurde erstellt von: ____________________

Das Dokument wurde genehmigt von: ____________________

Betriebsverantwortlicher
(Leiter des Betriebs): ____________________

Ort/Datum: ____________________, den ____________

Rechtliche Vorgaben und Informationen (Auswahl)

Verordnung (EG) Nr. 1272/2008 über die Einstufung, Kennzeichnung und Verpackung von Stoffen und Gemischen
Richtlinie 2014/34/EU zur Harmonisierung der Rechtvorschriften für Geräte und Schutzsysteme zur bestimmungsgemäßen Verwendung in explosionsgefährdeten Bereichen

Gefahrstoffverordnung (GefStoffV) – § 6 Informationsermittlung und Gefährdungsbeurteilung
Arbeitsschutzgesetz (ArbSchG)
Arbeitsstättenverordnung (ArbStättV)

ASR A1.3 Sicherheits- und Gesundheitsschutzkennung

TRGS 420 „Verfahrens- und stoffspezifische Kriterien (VSK) für die Ermittlung und Beurteilung der inhalativen Exposition"
TRGS 721 „Gefährliche explosionsfähige Gemische – Beurteilung der Explosionsgefährdung"
TRGS 722 „Vermeidung oder Einschränkung gefährlicher explosiver Gemische"
TRGS 723 „Gefährliche explosive Gemische – Vermeidung der Entzündung gefährlicher explosiver Gemische"
TRGS 724 „Gefährliche explosionsfähige Gemische – Maßnahmen des konstruktiven Explosionsschutzes, welche die Auswirkungen einer Explosion auf ein unbedenkliches Maß beschränken"

DIN EN 1127-1 „Explosionsfähige Atmosphären – Explosionsschutz – Teil 1: Grundlagen und Methodik"
DIN EN 14491 „Schutzsysteme zur Druckentlastung von Staubexplosionen"
DIN EN 14797 „Einrichtungen zur Explosionsdruckentlastung"
DIN EN 14994 „Schutzsysteme zur Druckentlastung von Gasexplosionen"

DGUV Information 213-034 „GHS – Global Harmonisiertes System zur Einstufung und Kennzeichnung von Gefahrstoffen"
DGUV Information 213-106 „Explosionsschutzdokument"
DGUV Regel 109-001 „Schleifen, Bürsten und Polieren von Aluminium: Vermeiden von Staubbränden und Staubexplosionen"

DGUV GESTIS-STAUB-EX Datenbank Brenn- und Explosionskenngrößen von Stäuben
online über https://www.dguv.de/ifa/gestis/gestis-staub-ex

Erfassungsbogen

Gefahrstoffe für das Gefahrstoffverzeichnis

Firma/Einrichtung und Stempel

Firma/Einrichtung: ______________________________

Tätigkeit: ______________________________

Arbeitsplatz/-bereich, Raum: ______________________________

Name des Prüfers: ______________________________

Ort/Datum: ______________________________ , den ______________

Arbeitsstoff	
Bezeichnung (laufende Nr. aus Gefahrstoffverzeichnis):	
Gefährliche Eigenschaft:	☐ akut toxisch ☐ ätzend ☐ reizend ☐ explosiv ☐ oxidierend ☐ entzündbar ☐ sensibilisierend ☐ krebserzeugend ☐ reproduktionstoxisch ☐ keimzellmutagen ☐ umweltgefährlich
Sicherheitsdatenblatt (SDB):	Vorhanden: ☐ Ja ☐ Nein Datum: Aktuell: ☐ Ja ☐ Nein
Betriebsanweisung (BA):	Vorhanden: ☐ Ja ☐ Nein Datum: Aktuell: ☐ Ja ☐ Nein
Hersteller:	
Menge in l pro Jahr:	
Gebindegröße in l, kg, Menge	
Einstufung (Signalwort):	☐ Gefahr ☐ Achtung ☐ Kein Signalwort

☐ ☐ ☐ ☐ ☐ ☐ ☐ ☐ ☐

H-Sätze (Hazard Statements):	
P-Sätze (Preauctionary Stmts):	

Anwendung				
Arbeitsstoff bei Tätigkeit:	☐ fest ☐ flüssig ☐ gasförmig ☐ Pulver ☐ Paste ☐ Granulat			
Anwendung:	☐ unverdünnt: ☐ verdünnt mit Wasser, Konzentration: ☐ gemischt mit: Anteil:			
Anzahl der Beschäftigten, die in Kontakt kommen mit dem Arbeitsstoff:				
Berufsgruppe:				
Tätigkeit(en):	☐ Abfüllen	☐ Dosieren	☐ Umfüllen	☐ Reinigen
	☐ Entsorgen	☐ Desinfizieren	☐ Ansetzen/Verdünnen	☐ Lagern
Häufigkeit des Kontakts:				
Dauer des Kontakts:				

Max. gelagerte Menge:	
Oberfläche bei Flüssigkeiten, z. B. Pfützen, Behälter:	☐ > 2m² ☐ < 2m²
Verfahren:	☐ offen ☐ geschlossen ☐ halb geschlossen
Temperatureinfluss:	
Arbeitsmittel:	
Entwicklung von:	☐ Staub ☐ Rauch ☐ Aerosol (Nebel)
Vor- oder Nachbereitungsschritte erforderlich?	
Aufnahme über Atemwege?	☐ Ja ☐ Nein
Hautkontakt ohne Handschuhe? Ausmaß des Kontakts	☐ Ja ☐ Nein
Brand-/Explosionsgefahr?	☐ Ja ☐ Nein
Arbeitsbereich	
Arbeitsbereich:	☐ Innenraum ☐ im Freien
Grundfläche [m²] und Höhe [m]:	
Bauweise:	☐ geschlossen ☐ halb offen (z. B. mit offenem Durchgang)
Schutzmaßnahmen	
Substitution möglich:	☐ Stoff ☐ Verfahren ☐ nicht möglich
Technische Maßnahmen:	☐ Raumlüftung ☐ freie Lüftung ☐ lokale Absaugung ☐ weitere:
Organisatorische Maßnahmen:	☐ GBU ☐ Wirksamkeitskontrolle der Maßnahmen (dokumentieren!) ☐ Beachtung Arbeitsschutzgesetz besonderer Personengruppen (Jugendliche, Mütter) ☐ Betriebsanweisung (aktuell halten!) ☐ Explosionsschutzdokument, sofern notwendig ☐ Pflichtvorsorge ☐ Angebotsvorsorge
Persönliche Maßnahmen:	☐ PSA ☐ Kopfschutz ☐ Hautschutz ☐ Gehörschutz ☐ Schutzbrille ☐ Schutzhandschuhe ☐ Schutzkleidung ☐ Knieschutz ☐ Fußschutz ☐ Atemschutzmaske ☐ Atemschutzgerät ☐ ☐ Weitere Maßnahmen:
Datum, Unterschrift des Prüfers	______________________

Informationen zur Einschätzung von Tätigkeiten mit Gefahrstoffen

Verordnung zum Schutz vor Gefahrstoffen (Gefahrstoffverordnung – GefStoffV)
DGUV Gefahrstoffinformationssystem GESTIS-Stoffdatenbank (online www.dguv.de/ifa/stoffdatenbank)
TRGS 201 „Einstufung und Kennzeichnung bei Tätigkeiten mit Gefahrstoffen"
TRGS 220 „Nationale Aspekte beim Erstellen von Sicherheitsdatenblättern"
TRGS 400 „Gefährdungsbeurteilung bei Tätigkeiten mit Gefahrstoffen"
DGUV Information 211-010 „Sicherheit durch Betriebsanweisungen"
DGUV Information 213-034 „GHS – Global Harmonisiertes System zur Einstufung und Kennzeichnung von Gefahrstoffen"
DGUV Schriften und Fachinformationen zu persönlichen Schutzausrüstungen (PSA) (online)
BAuA Kennzeichnungselemente – Chemikalien und Biostoffe (online)
BAuA Gefahrenpiktogramme und Signalwörter (online)

In Ihrer Mediathek finden Sie eine **Vorlage für ein Gefahrstoffverzeichnis**. Diese muss an die individuellen Gegebenheiten Ihres Betriebs und die damit verbundenen gesetzlichen Anforderungen angepasst werden.

Checkliste
Gefahrstoffe

Firma/Einrichtung und Stempel

Betriebsbereich: ______________________

Betrachtungseinheit: ______________________

Name des Prüfers: ______________________

Ort und Datum der Prüfung: ______________________

Nr.	Prüffragen	Geprüft		Maßnahmen bis wann
		Ja	Nein	
1.	Liegt ein Sicherheitsdatenblatt in aktueller Ausgabe vor?	☐	☐	
2.	Ist der Stoff/das Gemisch eingestuft im Sinne der GHS-Verordnung?	☐	☐	
3.	Sind die Gefahrenklassen (Gefahrensymbole), Risikosätze und Sicherheitshinweise angegeben? (War ausschließlich bei Gemischen noch bis 30.05.17 erlaubt, die vor dem 01.07.15 hergestellt wurden.)	☐	☐	
4.	Sind die Gefahrenklassen (Gefahrenpiktogramme), Gefahrenhinweise (H-Sätze) und Sicherheitshinweise (P-Sätze) angegeben?	☐	☐	
5.	Kann für den Stoff bzw. das Gemisch ein Ersatzstoff mit geringerer Gefährdung eingesetzt werden, weil der Inhaltsstoff zu gefährlich ist, z. B. krebserzeugender oder akut toxischer Inhaltsstoff?	☐	☐	
6.	Wurde eine Gefährdungsbeurteilung nach Maßgabe der Gefahrstoffverordnung (GefStoffV) vor Aufnahme der Tätigkeit mit dem Gefahrstoff erstellt?	☐	☐	
7.	Wurde eine arbeitsplatzbezogene Betriebsanweisung in verständlicher Sprache erstellt?	☐	☐	
8.	Wurde der Mitarbeiter mithilfe der Betriebsanweisung in verständlicher Sprache informiert?	☐	☐	
9.	Hat der Mitarbeiter diese Betriebsanweisung verstanden?	☐	☐	
10.	Hat der Mitarbeiter diese Unterweisung unterschrieben?	☐	☐	
11.	Wird die Unterweisung mindestens jährlich durchgeführt?	☐	☐	
12.	Wird dem Mitarbeiter Arbeitskleidung zur Verfügung gestellt?	☐	☐	
13.	Wurde dem Mitarbeiter PSA zur Verfügung gestellt: • Schutzbrille • Schutzhandschuhe • Schutzmaske • Gehörschutz	 ☐ ☐ ☐ ☐	 ☐ ☐ ☐ ☐	

Nr.	Prüffragen	Geprüft		Maßnahmen bis wann
		Ja	Nein	
	• Einweghandschutz •	☐ ☐	☐ ☐	
14.	Wurde der Mitarbeiter in der Handhabung der PSA unterwiesen?	☐	☐	
15.	Verwenden die Mitarbeiter die zur Verfügung gestellte PSA? Wenn nein, warum nicht? Begründung:	☐	☐	
16.	Muss nach anderer PSA-Ausrüstung gesucht werden?	☐	☐	
17.	Wurde ein Gefahrstoffverzeichnis aller gefährlichen Stoffe oder Gemische erstellt und wird es regelmäßig aktualisiert?	☐	☐	
18.	Sind die Gefahrstoff-Behälter ordnungsgemäß nach CLP-Verordnung/Gefahrstoffverordnung gekennzeichnet?	☐	☐	
19.	Befindet sich Erste-Hilfe-Ausrüstung am Arbeitsplatz oder in der Nähe, z. B. Erste-Hilfe-Kasten?	☐	☐	
20.	Werden die Rettungseinrichtungen regelmäßig überprüft?	☐	☐	
21.	Wurde ein Hautschutzplan erstellt?	☐	☐	
22.	Werden dem Mitarbeiter Hautschutzmittel zur Verfügung gestellt bei Arbeiten mit Gefahrstoffen?	☐	☐	
23.		☐	☐	
24.		☐	☐	

Datum, Unterschrift des Prüfers ______________________________

Informationen zu neuen Gefahrenklassen in der EU

Informationen der Bundesanstalt für Arbeitsschutz und Arbeitsmedizin (BAuA):
Einstufung und Kennzeichnung nach CLP-Verordnung
https://dx.doi.org/10.21934/baua:praxis20241008 (letzter Zugriff 09.04.2025)

Checkliste

Betriebsanweisung für Gefahrstoffe gem. § 14 GefStoffV

Firma/Einrichtung und Stempel

Wenn im Betrieb Gefahrstoffe verwendet werden, müssen entsprechende Betriebsanweisungen erstellt werden. Ob eine Betriebsanweisung notwendig ist, definiert § 14 GefStoffV. Nachfolgend finden Sie Informationen, wie Sie dies mit allen notwendigen Angaben erledigen können.

Voraussetzung sind der Einsatz und die Tätigkeiten mit Gefahrstoffen. Tätigkeiten mit Gefahrstoffen sind alle Arbeiten, bei denen gefährliche Stoffe oder Gemische verwendet, freigesetzt, hergestellt oder verarbeitet werden. Dazu gehören Produktion, Lagerung, Transport, Entsorgung sowie Instandhaltungs- und Überwachungsaufgaben. Auch die unbeabsichtigte Freisetzung von Gefahrstoffen im Arbeitsprozess gehört dazu.

Nr.	Zu beachtende Aspekte	
1.	Wird die Gliederung der BA gemäß TRGS 555 Abschnitt 3.2 eingehalten? • Arbeitsbereiche, Arbeitsplatz, Tätigkeit • Gefahrstoffe (Bezeichnungen)/Anwendungsbereich • Gefahren für Mensch und Umwelt • Schutzmaßnahmen, Verhaltensregeln • Verhalten im Gefahrfall • Sachgerechte Entsorgung	☐ ☐ ☐ ☐ ☐ ☐ ☐
2.	Existiert ein betriebliches Gefahrstoffverzeichnis?	
3.	In welchen Betriebsbereichen und an welchen Arbeitsplätzen kommen die Gefahrstoffe vor? Benachbarte Bereiche sind ggf. zu berücksichtigen.	
4.	Liegen aktuelle Sicherheitsdatenblätter vor? Wird die Betriebsanweisung regelmäßig aktualisiert?	
5.	Sind weitere Informationsquellen vorhanden? • Herstellerhinweise, -kennzeichnungen • Fachliteratur • Gefahrstoffdatenbanken online DGUV oder BAuA	
6.	Ist eine aktuelle Gefährdungsbeurteilung vorhanden? Wie groß ist das Gefährdungsrisiko?	
7.	Welche Mitarbeiter sind betroffen? Sind spezielle Personengruppen wie Jugendliche oder werdende/stillende Mütter betroffen?	
8.	Welche Schutzmaßnahmen und Verhaltensregeln sind tätigkeitsbezogen erforderlich? • Technische Schutzeinrichtungen • Organisatorische Maßnahmen • PSA, Hygiene- und Hautschutzmaßnahmen	
9.	Sind Notfallmaßnahmen bzw. Verhaltensregeln notwendig? Sind Informationen zum Verhalten bei Störfällen (Alarmplan, Notrufnummern usw.) enthalten?	
10.	Welche Erste-Hilfe-Maßnahmen sind bei Einatmen, Haut- und Augenkontakt, Verschlucken sowie Verbrennungen und Erfrierungen erforderlich? Ersthelfer? Wann ist ein Arzt hinzuzuziehen?	
11.	Welche Abfallregelungen gelten für die sachgerechte Entsorgung?	
12.	Sind die Angaben in der Betriebsanweisung verständlich in Form und Sprache? Auch für ausländische Mitarbeiter?	

Materialien mit weiteren Informationen

TRGS 555 Betriebsanweisung und Information der Beschäftigten

DGUV Information 211 – 010 Sicherheit durch Betriebsanweisungen

FORUM